CURSO DE FORMACION TEOLOGICA EVANGELICA

Volumen V

DOCTRINAS DE LA GRACIA

por

Francisco Lacueva

editorial clie

ESTE CURSO DE FORMACION TEOLOGICA EVANGELICA

constará de los siguientes títulos:

* PUBLICADOS YA BAJO LOS AUSPICIOS DE LA
«MISION EVANGELICA BAUTISTA EN ESPAÑA»

*De venta en CLIE, Moragas y Barret, 113-115 Tarrasa
(Barcelona), y en las librerías evangélicas de España e
Hispanoamérica*

**CURSO DE FORMACION
TEOLOGICA EVANGELICA
V
Doctrinas de la gracia**

Libros CLIE
Galvani, 113
08224 TERRASSA (Barcelona)

DOCTRINAS DE LA GRACIA

© 1975, de la Misión Evangélica Bautista
de España.

Depósito legal: SE-3054-2004
ISBN: 84-7228-193-0

Impresión: Publidisa

INDICE DE MATERIAS

SEGUNDA PARTE: LA GRACIA

TERCERA PARTE: EL PROCESO DE SELECCION

CUARTA PARTE: EL PROCESO DE LA CONVERSION

QUINTA PARTE: LA JUSTIFICACION DEL IMPIO

SEXTA PARTE: LA SANTIFICACION

INTRODUCCION

Todos los temas que caen dentro del ámbito de la Teología Bíblica son prácticos, *porque el mensaje de la Revelación —desde la noción de Dios hasta el estudio de "las últimas cosas"— es "doctrina de vida" y destinada a suministrar una "nueva vida" por la acción del Espíritu, y a vivificar toda la "praxis" de una persona ya regenerada. Pero hay dos materias especialmente prácticas: la* Etica Cristiana *(volumen recién editado) que, por definición, se refiere a la conducta del creyente, y las* Doctrinas de la Gracia, *de las que vamos a tratar en el presente volumen.*

Las doctrinas de la gracia son, pues, doblemente prácticas: 1) por formar parte del mensaje de salvación; 2) por afectar en su cercanía más próxima a la experiencia personal de cada uno de nosotros. No se trata aquí de penetrar en el conocimiento del Dios trascendente, que puede parecer lejano a nuestros quehaceres y problemas de cada día. Se trata del diálogo salvífico que Dios, libremente y por pura gracia, ha comenzado con nosotros, a través de Jesucristo, y de la respuesta personal que en nosotros se origina en virtud de esa gracia y por el poder del Espíritu vivificante. Se trata, en una palabra, de la aplicación que Dios hace a cada uno de los que se salvan, del poder reconciliador de la obra de Cristo, mediante la energía del Espíritu.

Por tanto, si toda la Teología es enseñada para ser vivida, con mayor razón hemos de estar dispuestos a vivir las ense-

ñanzas de este volumen, todas ellas destinadas a descubrirnos, desde la Palabra de Dios, el origen, la naturaleza y el glorioso destino de esa "gracia" que es la vida espiritual: Cristo viviendo en nosotros por la comunicación y el poder de su Espíritu.

Hemos dicho que, en este volumen, se trata de la aplicación del poder reconciliador de la obra de Cristo, con lo cual damos a entender que la obra de nuestra salvación comprende dos momentos culminantes: la obtención de nuestra redención o rescate, operada una sola vez por todas en la Cruz del Calvario (lo cual ha sido materia del volumen IV de esta serie) y la aplicación a cada uno de los que son salvos, de aquella redención que fue llevada a cabo en el Calvario. Podemos ilustrar este doble estadio de la salvación con un símil muy apropiado: Supongamos que nos hallamos sedientos, fatigados y desorientados, en medio de un desierto sin agua. Estamos abocados a la muerte. Pero llega hasta nosotros un ingeniero que descubre enseguida una corriente subterránea de agua. Logra alumbrar un pozo artesiano y el agua brota en abundancia, con poder de apagar la sed de cuantos crucen por el desierto. ¿Están ya a salvo de la muerte los sedientos caminantes? Sí, pero a condición de que se acerquen a beber del agua, o que ésta les sea llevada por medio de vasijas o de canales y tuberías. Ya está conseguida la provisión de agua para todos, pero es necesario beber de ella para no morir de sed.

Lo mismo ocurre en la obra de nuestra salvación: En la Cruz del Calvario, Dios abrió para nosotros, las fuentes de la salvación (Is. 12:3). Pero ahora es preciso que cada uno de nosotros vayamos a las aguas (Is. 55:1; Ap. 21:6; 22:17) elevando nuestros ojos, por fe, al Crucificado (Jn. 3:14-15), para hacer nuestra la salvación obtenida por Cristo.

En esta difícil materia, como en muchos otros temas teológicos, es fácil equivocarse por tomar como Palabra de Dios lo que es un prejuicio, con mayor o menor peso de "tradición". Atengámonos solamente, y en todo, a la enseñanza de la Sagrada Escritura tomada en conjunto, o sea, "todo el con-

sejo de Dios" *(Hech. 20:27), sin escamotear los pasajes que parece que no encajan en nuestro esquema doctrinal ya prejuzgado, sino acudiendo a los textos claros y tratando de entender lo oscuro mediante lo claro, no viceversa. Seamos humildes para rendir nuestro entendimiento ante el mensaje de Dios y, aunque a veces no entendamos cómo se compaginan algunos textos, agarrémonos firmemente a los extremos revelados aunque no alcancemos a ver el eslabón que los une, seguros de que, si perseveramos constantes en el estudio y la oración, se irá ensanchando la perspectiva de nuestros conocimientos bíblicos y lo recién aprendido proyectará nuevos rayos de luz sobre la penumbra de lo anteriormente estudiado.*

Todos saben que la Historia de la Salvación se halla resumida en un solo versículo: Juan 3:16, al que Lutero llamaba "la Biblia en miniatura". Vamos a cerrar esta Introducción resumiendo el comentario que de dicho versículo hace L.S. Chafer en el Epílogo del volumen III de su Systematic Theology, *pp. 394-395, puesto que dicho versículo compendia la materia del presente volumen:*

A) "De tal manera amó Dios al mundo". *En siete palabras vemos expresado cuánto y con cuán sublime amor ("egápesen", un amor con raíces en el Cielo) amó Dios a este* mundo *perdido, necesitado, rebelde: a este mundo que, de suyo, aborrece a Dios, es enemigo declarado de Dios, hasta que el amor de Dios lo vence (cf. Rom. 5:8).*

B) "que ha dado a su Hijo Unigénito". *Otras siete palabras para revelarnos el "inefable don" (2ª Cor. 9:15) del Padre y el inconmensurable sacrificio del Hijo, con su profundo anonadamiento (Flp. 2:7-8) y su admirable obra de sustitución vicaria en la Cruz (2.ª Cor 5:21).*

C) para que quienquiera que en El crea". *De nuevo, siete palabras nos aclaran que no todos creen y se salvan, sino que hay un grupo de creyentes (elegidos), que la salvación se obtiene sólo por Cristo, sólo mediante la fe, por la fe sola, y con toda seguridad.*

D) "no se pierda, mas tenga vida eterna". *Finalmente, también son ahora siete palabras las que nos muestran el espantoso estado en que permanecen los que rehúsan creer ("apóletai" = perece, queda destruido) y el glorioso destino de los elegidos para creer, por el poder del Espíritu: la* vida eterna, *o sea, la "zoé aiónios", la misma vida que estaba en el Verbo (Jn. 1:4) desde toda la eternidad, la que El ha venido a traer en abundancia (Jn. 10:10) y que no se acabará jamás (Jn. 10:28; 11:26). Una vida eterna que bien merece el sacrificio de nuestra vida exterior ("bios" o tren de vida, 1.ª Jn. 3:17) y el de nuestra "psyché" o vida terrenal (Mt. 10:39; Mc. 8:35; Lc. 9:24; 14:26; 17:33; Jn. 12:25).*

Mi gratitud a los hermanos de las iglesias bautistas independientes de San Eusebio, 54, en Barcelona, y de Ramón y Cajal, 60, en Santa Cruz de Tenerife, por las preguntas y sugerencias que me han permitido corregir y mejorar los conceptos vertidos en los estudios habidos sobre esta materia; al escritor y profesor evangélico D. José Grau, por sus consejos y sugerencias tras revisar el manuscrito, a la Editorial CLIE, cuyo esmero en la impresión y presentación de estos volúmenes es patente, y a la "Misión Evangélica Bautista en España", bajo cuyos auspicios se publica el presente volumen, así como los anteriores editados de este CURSO DE FORMACION TEOLOGICA EVANGELICA.

Primera parte

El orden de la salvación

EXISTENCIA DE UN ORDEN DE LA SALVACION

1. El hilo de oro de la Teología

El Dr. E.F. Kevan[1] llama a la doctrina de la gracia "el hilo de oro que enhebra todas las ramas de la Dogmática." En efecto, esta doctrina conecta con la doctrina fundamental de la Revelación, la cual es ya una gracia en sí misma; con la doctrina de un Dios en tres Personas, ya que nos muestra al Padre que ama, al Hijo que redime y al Espíritu Santo que vivifica; con la doctrina del hombre caído, pues es precisamente la miseria del hombre la que sirve de trasfondo a su profunda necesidad de la gracia (Rom. 3:23) y a su total incapacidad para salvarse; con la Cristología, ya que todo en Jesucristo, su persona y su obra, es la gran expresión de la gracia; con la doctrina sobre la Iglesia, puesto que ésta es el resultado de la gracia y el *"pléroma"* o plenitud de Cristo, donde éste actúa como agencia de salvación en que se encuentran los medios de gracia; finalmente, con la Escatología, pues ésta es la consumación de la gracia, la glorificación de los favorecidos con la gracia, y el triunfo del Redentor para honor y alabanza del Dios que es Amor completamente *gratuito*[2].

---

1. En su **Dogmatic Theology**, Volumen V del Curso por correspondencia, lecc. 1.ª, p.º 1 (Traduzco del inglés).
2. "Es gratuito, pero no superfuo", dice muy bien J.M. González-Ruiz.

2. El orden de la salvación en la eternidad

Se llama "orden de la salvación" al proceso por el que la salvación obtenida por Jesucristo se aplica o administra a las personas que son salvas.

Aunque hayamos de retrotraernos al pacto eterno que la Trinidad Divina estableció para la salvación del hombre caído, siempre es bueno tener en cuenta lo que esto comporta para entender mejor el plan de nuestra salvación. Varios son los lugares que implican la existencia de tal convenio entre las personas divinas:

A)   Hebr. 10:5-7, citando el Salmo 40:7-9, nos muestra al Padre encomendando al Hijo una tarea redentora, sacrificial, que comportará una victoria y una realeza (V. Sal. 2; Hech. 13:33; 1.ª Cor. 15:24-28; Hebr. 1:5; 5:5, a la luz de Lc. 22:29, donde es notable el verbo "diatíthemi", de donde viene "diathéke" = pacto).

B)   Jesucristo aparece, especialmente en Juan, como el Enviado del Padre, cuya voluntad y cuya obra está totalmente entregado a realizar, hasta hacer de ella su alimento (V. Jn. 4:34; 5:30,43; 6:38-39; 10:18; 17:4).

C)   Is. 53:10-12 y Ef. 4:8-10 nos informan de la batalla y de la victoria, así como del botín que el Padre ha puesto en manos de Cristo (V. Jn. 6:37-44; 10:28-30; 17:6-12), hasta hacerlo Cabeza de los redimidos (Rom. 5:12ss.; 1.ª Cor. 15:22; etc.).

D)   Mientras que el Verbo, en su humanidad, es la revelación del amor de Dios y nuestro sustituto en la obra de la reconciliación (Jn. 1:14,18; 14:9; 2.ª Cor. 5:21), el Espíritu es el gran "Don" por el que se derrama en nosotros el Amor y se hace exégesis fervorosa el recuerdo del Verbo Encarnado (V. Rom. 5:5; Jn. 14:26).

3. El orden de la salvación en el tiempo

Del *pacto de la redención* establecido entre las personas de la Trinidad y encaminado a la salvación de los hombres perdidos, fluye *el pacto de gracia* que muestra la actitud de Dios hacia el pecador mediante la obra de Cristo. Aunque, como en todo pacto, hay dos partes, sin embargo en éste toda la iniciativa surge de Dios: Dios establece el decreto; Dios provee el medio de rescate (la Cruz); Dios suministra el Espíritu vivificante, la fe justificante, el arrepentimiento transformante y la perseverancia del creyente. Toda la base o fundación del pacto está en Dios, pues de Él recibe el pacto su firmeza y seguridad, mientras que el hombre, incapaz de aportar por sí mismo ninguna contribución, se limita a extender la mano de la fe y a recibir el don de Dios.

El Mediador de este pacto, como se nos describe en *Hebreos* con todo lujo de detalles, es Jesucristo: de parte de Dios, Él lleva al hombre la salvación mediante el sacrificio de Sí mismo; de parte del hombre, ofrece a Dios —hecho Él mismo "pecado"— lo que el hombre pecador debería hacer por Dios si pudiese: expiar sus pecados en la Cruz.

Así, el pacto que es absoluto e incondicional en la voluntad de Dios de salvar a los hombres perdidos, queda de algún modo condicionado: A) por la obra de Cristo, que ha de proveer el pago del rescate; B) por la fe del hombre pecador, que es como la mano con que se apropia los beneficios del pacto. Sin embargo, ninguno de estos dos elementos arrebata al Padre la iniciativa de la salvación. No el 1.º, porque, en realidad, no es Jesucristo el que se lanza por sí mismo a reconciliar a los hombres con Dios, sino que *"Dios* estaba en Cristo *reconciliando consigo al mundo"* (2.ª Cor. 5:19). No el 2.º, porque la fe misma del pecador arrepentido es un *"don de Dios"* (Ef. 2:8).

4. Las agencias de la salvación

Surgiendo toda la obra de nuestra salvación de la amorosa iniciativa del Padre, las otras dos personas de la Trinidad Divina se constituyen en agentes de la salvación, con dos agencias respectivas o *medios de salvación:* La *Palabra* y las

Ordenanzas. El Espíritu usa de la agencia de la Palabra de Dios para convencer de pecado, introducir en el corazón el mensaje de vida, y conducir al creyente por el camino de Jesucristo; la respuesta del hombre es la apertura de su persona, por la obediencia de la fe (Rom. 1:5; 16:26), al mensaje de salvación. Por su parte, Jesucristo instituye sus *ordenanzas* para expresarnos simbólicamente Su obra y patentizar externamente nuestra unidad con El, por medio del Bautismo, habiendo sido complantados en Su muerte y resurrección (Rom. 6:3ss.), y nuestra unidad con los miembros de su Cuerpo, mediante la Cena —recuerdo, mensaje y profecía esperanzada— (1.ª Cor. 10:17; 11:26); la respuesta del cristiano es la obediencia del corazón, de la boca y de la conducta a los mandatos de Cristo.

La *fe* y la *oración,* al ser meras *condiciones subjetivas* para la recepción de los beneficios de la salvación, sólo impropiamente pueden llamarse *medios de gracia.*

CUESTIONARIO:

1. ¿Cuál es la conexión del presente volumen con los demás volúmenes de la serie teológica? — 2. ¿A qué se llama "orden de la salvación"? — 3. ¿Cómo aparece en la persona y en la obra de Cristo el resultado del pacto eterno entre las personas divinas para la salvación del hombre? — 4. ¿A qué se llama "pacto de gracia"? — 5. ¿Quién es el Mediador de este pacto? — 6. ¿Es su aplicación condicional o incondicional? — 7. ¿Quiénes son los agentes y cuáles las agencias de la salvación?

LECCION 2.ª
NATURALEZA DEL ORDEN DE LA SALVACION

1. La Ley y el Evangelio

El orden de la salvación comprende dos grandes estadios objetivos e históricos: dos grandes hitos de la llamada "Historia de la Salvación". [3] Estos dos grandes estadios son la Ley y el Evangelio. [4] En razón de su enorme importancia, vamos a anticipar algo de lo que diremos después al considerar la relación entre la fe y las obras, aunque en otro contexto. Por no entender bien esta materia, los gálatas judaizantes estaban vaciando de contenido el mensaje de la Buena Noticia o Evangelio, mientras que, más tarde, Marción y sus seguidores (de antes y de ahora) detestaban la Ley y al Dios del Antiguo Testamento, para predicar un Nuevo Testamento completamente desvinculado del Antiguo, así como un "amor" y una "conducción del Espíritu" completamente desvinculados de toda ley ("antinomianismo", de "anti" = contra, y "nómos" = ley. V. 1.ª Cor. 9:21 *"no estando yo sin ley de Dios, sino bajo la ley de Cristo"*).

Basta examinar con cuidado las Epístolas de Pablo a los romanos y a los gálatas, para percatarse del exacto papel de la ley. La Ley tenía por objeto:

---

3. Con este título es ya famoso el libro de O. Cullman, editado por EP (Barcelona, 1967).
4. V. E.F. Kevan, **La Ley y el Evangelio** (Barcelona, EEE, 1967), así como mi libro **Etica Cristiana** (Tarrasa, CLIE, 1975), lecciones 8.ª y 20.ª.

A)   Poner un dique a la corrupción del corazón humano.

B)   Ser expresión de la voluntad divina en el orden moral para el pueblo del pacto, o sea, Israel.

C)   Servir de *ayo* ("paidagógos"), o sea, de criado que lleva a los niños al Colegio, a la vez que les enseña buenas maneras y les impone correctivos por sus travesuras. En este caso, la Ley

(a)   convence de pecado;

(b)   exacerba, en cierto modo, el sentido del pecado, por la conocida reacción psicológica que nos incita a hacer lo que se nos prohíbe taxativamente;

(c)   nos muestra la necesidad del Evangelio de gracia y del poder del Espíritu, superior a nuestras fuerzas, para *cumplir* la Ley.

Jesús asegura, en Mt. 5:17, que no ha venido a abrogar la Ley, sino a *cumplirla*. El verbo empleado aquí es "plerósai", que significa cumplir en el sentido de *llenar,* y expresa dos cosas: 1) que Cristo vino a *cumplir* por Sí mismo la Ley. El fue el único que la cumplió *activamente*, observándola con toda exactitud, y *pasivamente,* llevando sobre Sí la maldición de la Ley contra sus infractores, por nosotros y en nuestro lugar, en el madero de la Cruz: 2) que Cristo vino a *llenar* la Ley del Espíritu que faltaba en el legalismo farisaico, poniendo el *amor* como único medio de cumplir la Ley *rebasándola* (Mt. 5:17-48). Así no es extraño que Rom. 8:3-4; 13:8-10; 1.ª Cor. 9:21; Gál. 5:14; 6:2, nos aseguren que el amor, el Espíritu de Cristo y el Evangelio comportan el exacto cumplimiento de la Ley, mientras que 1.ª Cor. 2:14 y Rom. 8:7 nos dicen que el hombre no regenerado es incapaz de percibir las cosas de Dios y que no quiere ni puede cumplir la Ley de Dios. Por eso, la regeneración espiritual comporta una *metánoia*, o sea, un cambio de mentalidad, al recibir, con el Espíritu Santo, una nueva visión y un corazón nuevo (V. Jer. 31:33-34; Ez. 36:25-27).

2. El orden subjetivo de la salvación

El orden de la salvación es entendido especialmente como *el orden lógico*, con su consiguiente interrelación, *de los varios movimientos del Espíritu Santo en la aplicación de la obra de la redención.* [5] Este orden lógico es *simultáneo en la planificación eterna* de los designios de Dios, pero se *realiza sucesivamente* en el proceso temporal de su aplicación a las personas de los redimidos. El Nuevo Testamento nos dice que, para salvar a los hombres, Dios elige, predestina, llama, regenera, justifica, santifica, preserva y glorifica, aunque no nos ofrezca todos estos elementos en un solo texto. Tenemos partes de este proceso en Hec. 2:37-41; (quizá también en 26:18); Rom. 6:22; 8:29-30; Ef. 1:3-14; 2:1-10; 1.ª Ped. 1:2-9,20-23.

¿Puede establecerse un orden lógico, concreto y completo, de acuerdo con el Nuevo Testamento? Creemos que sí e intentaremos proponerlo en este volumen, de acuerdo, en general, con la línea "reformada" o calvinista (moderada), teniendo también en cuenta las dificultades que presenta. Pensamos, sin embargo, que son mucho más numerosas las dificultades que confrontan a los demás sistemas. Vamos a exponer ahora brevemente el punto-clave del orden de la salvación según las diversas concepciones:

A) *Concepto Católico-Romano.* El punto clave es la justificación por el *bautismo.* La Iglesia confiere, mediante el sacramento, la regeneración bautismal. Todo adulto recibe gracia *suficiente* para alcanzar, conservar, recuperar y aumentar la justificación bautismal. El hombre puede resistir a esta gracia. Si en vez de resistir, asiente y coopera, la gracia se torna *eficaz.* La justificación sigue un proceso que comienza con el *acto de fe* (bajo el impulso de la gracia excitante) y termina con la infusión de la gracia "santificante" en la recepción (real o de deseo) del sacramento. Los demás sacra-

---

5. V. L. Berkhof, **Systematic Theology**, pp. 415ss.

mentos y las buenas obras proveen medios de perseverancia y méritos para la salvación final, la cual siempre está en peligro, puesto que cualquier pecado "mortal" comporta la pérdida de la justificación. [6]

B) *Concepto Arminiano.* El punto clave es la justificación por la *decisión* de aceptar a Cristo como Salvador necesario y suficiente, mediante la fe en El. Esta decisión procede de nuestro libre albedrío, que coopera así con la gracia de Dios. [7]

C) *Concepto Luterano.* El punto clave es la justificación por la *fe,* que Dios produce en el hombre. El proceso empieza por el anuncio de la reconciliación del mundo, hecha por Dios en Cristo (2.ª Cor. 5:19-20). Esta llamada evangélica comporta siempre una cierta medida de avivamiento e iluminación que quiebran la resistencia radical del hombre caído (mejor dicho, dan el *poder de no resistir* a la operación salvífica del Espíritu). De ahí pueden provenir el arrepentimiento y la regeneración espiritual. Sin embargo, todo esto es preparatorio y provisional (se puede perder), ya que la salvación está condicionada totalmente *por la fe del sujeto.* Sólo mediante el acto de fe se obtiene la salvación. Si el hombre *continúa* creyendo, persevera en la salvación. Si *cesa* de creer, la pierde.

D) *Concepto Calvinista o "Reformado".* El punto clave es la justificación *por la justicia de Cristo* (Ef. 2:8 *"Por gracia sois salvos por medio de la fe".* No es la fe la que salva, sino la gracia; como no es el tenedor el que alimenta, sino lo que tomamos con el tenedor). La mayoría de los Reformados, al hacer énfasis sobre la iniciativa libre y soberana de Dios en la salvación del hombre, colocan primero el llamamiento inte-

------

6. Más detalles, en mi libro **Catolicismo Romano** (Tarrasa, CLIE, 1972, pp. 139-162.

7. En otros aspectos del proceso de la salvación, el arminianismo sigue diversas líneas, pudiendo distinguirse entre el arminianismo radical y el moderado o wesleyano, como veremos después.

rior y la regeneración espiritual. Avivado el subconsciente, el proceso aflora a la conciencia con la conversión, que incluye fe y arrepentimiento. Con la fe se conecta la justificación y la adopción. El nuevo estado comporta una nueva obediencia en la santificación. Dios se encarga de preservar con su gracia a los fieles para la glorificación. [8]

CUESTIONARIO:

1. ¿A qué se llama "orden de la salvación"? — 2. ¿Cuál es la relación entre los dos estadios de la Historia de la Salvación? — 3. ¿Cuál era el papel de la Ley? — 4. ¿Qué matices implica el verbo "cumplir" en Mt. 5:17? — 5. ¿Qué entendemos por "orden subjetivo de la salvación"? — 6. Conceptos Católico-Romano, Arminiano, Luterano y Calvinista de "orden de la salvación".

---

8. Por regla general, los Bautistas Particulares son en este punto calvinistas, mientras que los Bautistas Generales suelen ser arminianos.

LECCION 3.ª LA UNION CON JESUCRISTO

1. «En Cristo»

El orden de la salvación comienza con la libre y amorosa iniciativa de Dios Padre de salvar al hombre. Pero los hombres no son salvos, sin más, por el amor de Dios Padre. Es preciso que el carácter santo de Dios quede también salvaguardado. Para ello envía Dios Padre a Su Hijo Unigénito al mundo: para que, haciéndose hombre, sea el único Mediador entre Dios y los hombres, hecho nuestro sustituto. En El somos hechos *"justicia de Dios"* (2.ª Cor. 5:21). Por eso, es preciso recordar que no sólo somos salvos *por medio de* Jesucristo, sino también *en El,* es decir, unidos a El.

Dice J. Murray, en su libro *Redemption Accomplished and Applied:*

> "La unión con Cristo es realmente la verdad central de toda la doctrina de la salvación, no sólo en su aplicación, sino también en su realización, una vez por todas, en la obra acabada de Cristo. En efecto, todo el proceso de la salvación tiene su origen en una fase de unión con Cristo, y la salvación tiene en perspectiva la realización de otras fases de unión con Cristo." [9]

---

9. Pág. 161.

De aquí el uso frecuente que el Nuevo Testamento hace de la expresión *"en Cristo"*. E.F. Kevan define así esta unión con Cristo: "Es la unión íntima, vital y espiritual entre Cristo y Su pueblo, en virtud de la cual Él es la fuente de su vida y de su fortaleza, de sus bendiciones y de su salvación." Como el mismo autor advierte, esta unión quedó establecida *por institución divina,* cuando Dios constituyó a Cristo como Cabeza de una nueva humanidad.

Así no es extraño que los creyentes aparezcan ya *"escogidos en Cristo"* (Ef. 1:4), *"aceptos en el Amado"* (Ef. 1:6), *"arraigados, sobreedificados y confirmados en Él"* (Col. 2:7), *"hechos justicia de Dios en Él"* (2.ª Cor. 5:21), hasta que nuestra glorificación final sea manifiesta *con Él* (Col. 3:3; 1.ª Jn. 3:2). Véanse también otros lugares como Rom. 5:12-21; 6:2-11; 8:17; 1.ª Cor. 1:30; 15:22; Ef. 2:4-6,10; 1.ª Tes. 4:14,16; Ap. 14:13.

2. Propiedades de nuestra unión con Jesucristo

Por tanto, puede decirse que esta unión de los creyentes con Cristo es:

A) *eterna,* ya que han sido escogidos en Él desde la eternidad. Sin embargo, para evitar falsas interpretaciones, hemos de añadir enseguida que dicha unión es eterna en sentido *intencional,* es decir, en cuanto existe en la mente y en el propósito de Dios (Rom. 8:28-29), pero se hace concretamente salvífica y *real,* para cada uno, en el tiempo en que *se reviste de Cristo por la fe* (Gál. 3:26-27). Distinguiendo así los dos estadios, vemos que Cristo es nuestro sustituto en la Cruz en virtud del *pacto de la redención,* mientras que pasa a ser realmente nuestra Cabeza en virtud del *pacto de la gracia,* cuando nos incorporamos a Él como miembros suyos.

B) *espiritual,* no sólo porque establece un vínculo espiritual con Cristo, sino también porque es realizada, mantenida

y perfeccionada por el Espíritu Santo, que es el Espíritu
de Cristo. El Espíritu nos regenera, nos consagra, nos inha-
bita y nos sella para la eternidad de la vida espiritual glorifi-
cada (V. Jn. 3:3-8; 14:16-17; 16:7; Rom. 8:9-11; 1.ª Cor.
6:17,19; 12:13; 2.ª Cor. 3:18; 1.ª Ped. 1:11; 1.ª Jn. 3:24;
4:13).

C) *mística;* por tres motivos:

(a)   por haber sido un misterio escondido desde la eternidad en el seno de Dios, pero manifestado ahora (Col. 1:
26-27);

(b)   porque es invisible a los ojos de la carne;

(c)   para distinguirla de toda otra unión que la naturaleza o la Palabra de Dios nos presentan. No es una unión
esencial como la que existe entre las personas divinas; ni
personal (hipostática) como la que existe entre la humanidad
y la divinidad de Jesucristo; ni es meramente una unión
moral o afectiva, como entre amigos o miembros de una misma sociedad o de un mismo club. Es diferente a todo ello y,
por eso, las analogías que la Palabra de Dios nos ofrece la
comparan, sin identificarla, a cosas tan diversamente unidas
como las personas divinas (Jn. 17:21) o las piedras de un
edificio (Ef. 2:19-22; 1.ª Ped. 2:4-5), pasando por la unión
entre la cepa y los pámpanos (Jn. 15:1ss.), entre la cabeza y
los miembros (Ef. 4:15-16), entre esposo y esposa (Jn. 3:29;
Ef. 5:22-23), o entre un cabeza de familia y su posteridad
(Rom. 5:12-19; 1.ª Cor. 15:19-49).

D)   *directa,* o sea, no mediatizada por hombres ni condicionada por obras.

E)   *orgánica* y, por tanto, dinámica y funcional.

F)   *indisoluble,* pues depende de la promesa de Jesucristo y de la gracia de Dios en El.

G)   *inescrutable.* Su intimidad es tal que puede, a veces,
pasar desapercibida hasta para el propio poseedor, de modo

que necesita ser contrastada con el "test" de la obediencia, para no llamarse a engaño. [10]

3. Consecuencias de esta doctrina

Nuestra unión con Jesucristo comporta:

A') una *metamorfosis* ("metamorphústhe" Rom. 12:2), ya que hemos sido hechos nuevas creaturas (2.ª Cor. 5:17; Gál. 6:15; Ef. 2:10), que se dejan conducir por el Espíritu Santo y cuya brújula ha cambiado de norte.

B') una *metánoia,* o sea, un ejercicio nuevo (cambiado) de nuestras facultades por el arrepentimiento y la fe: un *convertirse* a Dios desde los ídolos (1.ª Tes. 1:9).

C') una posición legal de *justificados* ante Dios (Hech. 13:39; Rom. 6:7-8; 7:4; 8:1,17; 1.ª Cor. 1:30; 6:11; 2.ª Cor. 5:14,21).

D') una *santificación* continua, por el poder asimilador de la vida de Jesucristo, mediante el poder del Espíritu (Rom. 6:22; 2.ª Tes. 2:13; 1.ª Ped. 1:2).

E') una *"koinonía",* o sea, una *comunión* con Cristo: comunión de fortaleza y de debilidad, de sufrimiento y de gozo, de tentación y de seguridad, de trabajo y de descanso, de deshonra y de gloria. Y, en virtud de esta comunión con Jesucristo, se establece también la comunión con los demás creyentes, lo cual constituye el fundamento de toda la Eclesiología. Por eso, esta comunión no se pierde en, vagos y abstractos *misticismos,* sino que se manifiesta en concretísimas *realidades* (V. Jn. 17:21; 1.ª Cor. 10:17; Ef. 2:15; 4:3-16; Flp. 3:10ss.; 4:13; Col. 1:24; Heb. 2:18; 4:15; 1.ª Ped. 4:13; 1.ª Jn. 1:3; 3:16-18). [11]

---

10. V. el libro de G. Spring **Los rasgos distintivos del verdadero cristiano** (trad. de F. Lacueva, Barcelona, EEE, 1971).

11. V. también L. Berkhof, **Systematic Theology,** pp. 447-453; L.S. Chafer, **Systematic Theology,** III, pp. 248-266; E.F. Kevan, **Dogmatic Theology,** V, lecc. 1.ª, pp. 6-7; J. Murray, **Redemption Accomplished and Applied,** pp. 161-173; A.H. Strong, **Systematic Theology,** pp. 795-809.

CUESTIONARIO:

1. ¿Cuál es la importancia de la unión con Cristo en el proceso de la salvación? — 2. ¿Cómo podemos describir tal unión? — 3. ¿En qué sentido es dicha unión eterna, actual, espiritual, mística, directa, orgánica e indisoluble? — 4. ¿Qué consecuencias implica esta unión respecto a nuestra condición interior, a nuestra posición legal ante Dios, a nuestra relación con Cristo y con los demás creyentes?

LECCION 4.ª LA TAREA DEL ESPIRITU SANTO EN EL ORDEN DE LA SALVACION

1. Necesidad de la obra del Espíritu Santo

La aplicación de la obra de la redención no es automática ni se obtiene mecánicamente. Por una parte, el hombre pecador está espiritualmente muerto y, por tanto, es absolutamente incapaz en el orden moral para reorientarse hacia Dios y dar un correcto sentido religioso a su vida. Por otra parte, la salvación comporta un proceso personal, consciente y voluntario. Es cierto que Dios tiene toda la iniciativa de su gracia misericordiosa frente a la radical miseria espiritual del hombre, pero el hombre no es un mero receptor de salvación; ha de hacer algo. Si puede resistir al mensaje del Evangelio, también puede rendirse en obediencia al Evangelio. Sin embargo, es de capital importancia una distinción a este respecto: para resistir al mensaje, le basta al hombre con la perversa inclinación de su naturaleza corrompida por el pecado; en cambio, para no resistir, para rendirse a Cristo por la fe, para obedecer al Evangelio, necesita de parte de Dios una mirada eterna de pura misericordia, una gracia o favor dispensado a su persona, y un poder que contrarreste la mala disposición que el pecado ha introducido en su interior.

2. El Espíritu Santo en la regeneración

Cuando se analizan pasajes como Juan 3:3; 6:44; Rom. 3:10-18; 1.ª Cor. 2:14; 2.ª Cor. 4:3-4; Ef. 2:1-3,8-9; Flp.

2:13, se advierte inmediatamente la radical impotencia del
hombre caído en orden a su salvación. El hombre es, por
naturaleza, "*hijo de ira*" (Ef. 2:3), esclavo del pecado y del
demonio (Jn. 8:34). Pero Cristo venció en la Cruz al príncipe de las tinieblas y le arrebató su presa, precisamente
cuando era llegada la hora del poder de las tinieblas. Y fue
el Espíritu Santo quien guió todos los pasos de Cristo, desde
su bautismo hasta la Cruz (pues se le había dado el Espíritu
sin medida, Jn. 3:34), y quien le resucitó a una nueva vida
(Rom. 8:11). Cuando Cristo hubo consumado su obra en la
Cruz y ascendido al Cielo, envió al Espíritu para que *aplicase*
la obra de la redención. Y ¿por dónde iba a empezar? Para
que el hombre respondiese personal, consciente y voluntariamente a la iniciativa divina, era necesario que antes recibiese
una nueva vida espiritual, que naciese del Espíritu (Jn.
1:12-13; 3:3ss.) para poder ser partícipe de la naturaleza
divina (2.ª Ped. 1:4). A esta regeneración obrada por el
Espíritu, corresponde de parte del hombre una *metánoia* o
transformación de su mentalidad, la cual es realizada por la
convicción ("elénxei") que el Espíritu proporciona acerca de
nuestra condición pecadora. Esta convicción de pecado nos
dispone a sentir la necesidad de un Salvador, pues no podemos salvarnos por nuestras propias fuerzas. Es entonces cuando el Espíritu nos conduce al pie de la Cruz del Salvador.
Incluso el mundo inconverso queda *convicto*, si no convencido,
del pecado de incredulidad, de la justicia de Jesucristo, y de
la derrota de Satanás, del juicio que hizo caer al demonio
mientras Jesús era levantado en la Cruz en nuestro lugar (Jn.
3:14,18; 16:7-11; Ef. 4:8-9; Col. 2:14-15; Apoc. 12:9-10).

3. El Espíritu Santo en la justificación

Si la convicción del pecado, provocada por el Espíritu,
lleva al arrepentimiento, la fe, comprobada en la aceptación
de la justicia de Cristo, es también don del Espíritu (Ef. 2:8).
El que nace del Espíritu puede ver, con el Reino de Dios

(Jn. 3:3), al que levantado en la Cruz, espera la mirada angustiosa del pecador, para salvarle (Jn. 3:14-16). El Espíritu es el poder personal que enseña y arrastra al hombre hacia Jesucristo (Jn. 6:39-40,44-45). El es el que pone la sed en el corazón y el que da el agua viva que la apaga (Jn. 4:10; 6:35; 7:37-39). El es quien usa la agencia instrumental de la Palabra y la agencia ministerial del predicador, para inducir el acto de fe en el subconsciente del pecador (Jn. 3:5; Rom. 10:10,17). Así la fe no es producto de la *elocuencia* del predicador ni de la *decisión* del sujeto.

4. El Espíritu Santo en la santificación

La santificación es un *andar según el Espíritu* (Rom. 8: 4,9,13), ser conducido por el Espíritu (Rom. 8:14). Expresamente se atribuye la santificación al Espíritu en 2.ª Tes. 2:13; 1.ª Ped. 1:2. El amor, motor y cima de la vida cristiana, es derramado en nuestros corazones por el Espíritu (Rom. 5:5), Dador de todos los dones (1.ª Cor. 12:4). Y suyos son todos los frutos de la vida cristiana (Rom. 6:22, comp. con Gál. 5:22-23).

5. El Espíritu Santo y la glorificación del creyente

El que come, por fe, a Cristo, queda sellado para la resurrección (Jn. 6:54). Este sello es la impresión del Espíritu Santo (2.ª Cor. 1:22; Ef. 1:13; 4:30), pues El es quien resucitará a los creyentes muertos como resucitó a Jesucristo (Rom. 8:11, comp. con 1.ª Cor. 15:45), cuando se perfeccionará nuestra redención (Flp. 3:11,14,21; 1.ª Jn. 3:2).

6. La obra general del Espíritu Santo

Además de estas operaciones de la 3.ª persona divina en la aplicación de la salvación, hemos de añadir que todo hálito de vida y toda gracia general se atribuyen al Espíritu de Dios:

A su cobijo, surgen el orden y la vida orgánica de la tierra (Gén. 1:2); surge también la vida humana (Gén. 2:7). Con su hálito, revive Israel como nación (Ez. 37:5,9,14). El mismo Espíritu que llena a la Iglesia en Pentecostés (Hech. 2:4), está realizando la liberación de la creación entera (Rom. 8: 21,23). Todo cuanto hay de bueno en el mundo, aun entre los inconversos, proviene de El y es El quien dispone las mentes y los corazones para recibir la Palabra y la salvación.

7. Dos escollos que hay que evitar

Empalmando con el pº 1 de esta lección, advertimos ahora que una perfecta conjugación de la iniciativa salvífica de Dios en Jesucristo con la cooperación personal y consciente del hombre, movido por la acción del Espíritu, nos librará de dos escollos igualmente peligrosos: el activismo pelagiano (Nomismo) y el pasivismo ultracalvinista (Antinomianismo). [12]

CUESTIONARIO:

1. ¿Por qué es necesaria la obra del Espíritu Santo en el orden de la salvación? — 2. La obra del Espíritu en la regeneración, en la justificación, en la santificación y en la glorificación del creyente. — 3. La obra general del Espíritu en el mundo. — 4. ¿Qué dos escollos hay que evitar en esta materia?

---

12. Para toda la materia de esta lección, ver también L. Berkhof, o. c., pp. 423-431; L.S. Chafer. o. c., III, pp. 210-224.

Segunda parte

La gracia

LECCION 5.ª CONCEPTO DE GRACIA

Para tener un concepto correcto de lo que es la *gracia* de Dios, es preciso echar mano de los datos que nos proporcionan las Sagradas Escrituras. Todo lo que a este respecto nos pueda ofrecer la Teología elaborada a lo largo de la Historia de la Iglesia ha de ser contrastado con el depósito de la Revelación, que es la Palabra de Dios, única norma de nuestra fe.

1. El uso del Antiguo Testamento

Tres son los términos que el hebreo del Antiguo Testamento emplea para expresar el concepto de "gracia":

A) *Jen,* del verbo *janán,* que significa: mostrarse misericordioso, amable, generoso, propenso a dispensar favores. *Jen,* pues, significa "gracia" en el sentido de "favor hecho por benevolencia". Este es el significado que tiene, por ej. en Gén. 6:8: "*Pero Noé halló GRACIA ante los ojos de Jehová*".

B) *Jesed.* Esta palabra significa "gracia" en el sentido de "caridad, benignidad, misericordia". En cierto sentido, corresponde de cerca a la idea novotestamentaria de "gracia" en sus aspectos conectados con la Redención. Así la encontramos en Ex. 20:6: "*y hago misericordia a millares...*"

C) *Ratsón,* que significa "contentamiento, aceptación, buena voluntad". Así lo encontramos en Is. 60:10. También en las versiones hebreas de Lc. 2:14 y Flp. 2:13, en que corresponde al griego *eudokía*.

Estos tres sustantivos y los adjetivos y verbos correspondientes aparecen en el Antiguo Testamento con una frecuencia impresionante y nos ayudan a formarnos una correcta idea de lo que significa el término "gracia" en sentido teológico. Pero, como dice E.F. Kevan, el concepto véterotestamentario de "gracia" no se obtiene adecuadamente con un mero análisis del lenguaje, pues se revela a través de la *acción*. La doctrina de la gracia está reflejada por doquier en las costumbres, instituciones y experiencias que brotaron de la elección divina y se plasmaron en la historia y en la geografía del pueblo escogido. La libre elección divina de Abraham, Isaac y Jacob (Israel); la revelación a Moisés desde la zarza ardiendo, después en el Sinaí, etc.; la misión de los profetas, la restauración después de la cautividad; todo ello es manifestación del favor, de la misericordia y de la buena voluntad de Dios para con Su pueblo. La primera muestra de "gracia" o "favor inmerecido" de Dios a la humanidad se manifestó ya en Gén. 3:15 con la primera promesa de un Redentor.

2. El uso del Nuevo Testamento

El Nuevo Testamento usa siempre el término *kháris* para referirse a la "gracia". Pero este término tiene varios sentidos:

A') El sentido más elemental, dentro y fuera de la Biblia, es el de "encanto" o "atractivo". Este sentido ha pasado a las lenguas latinas y el vulgo lo conoce muy bien (¡Qué gracia tiene! ¡Me ha caído en gracia!). Véase en este sentido Lc. 4:22; Co. 4:6.

B') Otro sentido, también elemental y muy empleado por todos, es el de "agradecimiento", como cuando decimos "muchas gracias", en señal de gratitud, o "dar gracias", para referirnos a la bendición de la mesa. Así, el término se emplea para expresar la reacción emocional de alguien que ha recibido un "favor". Véanse Lc. 17:9 y Rom. 6:17.

C') Entrando ya en el uso más típico de "gracia", de acuerdo con el concepto del Nuevo Testamento, nos encontramos con el sentido de *"favor"*, con el mismo significado que el hebreo *"jen"*, y expresa una actitud favorable, soberanamente libre, totalmente gratuita, de Dios hacia los hombres. Esta *actitud,* al pasar a la acción, se concreta en dos sentidos:

(a) idea de "gracia" como *don* salvífico (por ej. Ef. 2:8). A veces, este don se imparte para edificación del Cuerpo de Cristo, como en Ef. 4:7. Pablo hace uso de este vocablo para referirse a la liberalidad de los fieles de Corinto, en 1.ª Cor. 16:3;

(b) idea de "gracia" como *poder* que habilita al hombre para actuar por encima de sus fuerzas naturales; más aún, a pesar de su debilidad, y precisamente a través de esa misma debilidad. Véanse 1.ª Cor. 15:10 y 2.ª Cor. 12:9,10.

3. La gracia como don inmerecido

Para penetrar debidamente en el sentido del término "gracia", conforme el Nuevo Testamento nos lo ofrece, hemos de percatarnos del contraste bíblico entre "gracia" por parte de Dios, y "mérito", "esfuerzo", "obra" por parte del hombre. En este sentido podemos definir concisamente la gracia como "todo don inmerecido de Dios a los hombres", y, más en concreto, "el don inefable de Dios, en Jesucristo, a los pecadores". Véanse Lc. 2:52; Hech. 2:47; Rom. 5:15,17,20; 11:6; 1.ª Cor. 15:10; 2.ª Tim. 2:1; Tito 2:11.

Esta gracia, llamada "gracia de Dios", "gracia en Cristo", "gracia del Señor Jesucristo", está revestida de los siguientes caracteres: (a') es *revelada* por Cristo (Jn. 1:17; Rom. 1:5); (b') es dada en atención a los méritos, obediencia y acción redentora de Jesucristo (Rom. 3:24; 5:21); (c') es en Cristo

en quien somos *agraciados* ("ekharítosen", Ef. 1:6-7); (d') así
que viene a ser un *estado* del creyente (Rom. 5:2); (e') sus
frutos han de verse (1.ª Cor. 7:19; 2.ª Cor. 5:17; Gál. 6:15),
pues el favor y el poder de Dios han de manifestarse, en el
creyente, en una conducta digna de Dios (2.ª Ped. 1:4); (f')
la gracia fluye de la elección divina y se hace *efectiva* por el
soberano *llamamiento* de Dios (V. Jn. 6:44; Ef. 2:8; 1.ª Tes.
1:5); (g') ante ella, no permanecemos *pasivos* (V. 1.ª Cor.
10:12; 15:10; 2.ª Cor. 6:1; 2.ª Tes. 2:15), lo cual no dismi-
nuye la fuerza de la gracia ni la seguridad del creyente; (h')
la gracia, en fin, es el *Evangelio* o Buena Noticia de salvación
(Hech. 14:3; 20:24,32).

CUESTIONARIO:

*1. ¿Cuál es el sentido de los términos hebreos "jen", "jesed"
y "ratsón"? — 2. ¿Cómo se manifiesta principalmente la gracia de Dios en el Antiguo Testamento? — 3. ¿Cuáles son los
usos generales y específicos del término "kháris" en el Nuevo
Testamento? — 4. ¿Cuáles son los dos sentidos de "gracia"
como favor inmerecido? — 5. ¿Cuál es la enseñanza de Romanos 11:6? — 6. ¿Qué otros aspectos nos ofrece el concepto
novotestamentario de "gracia"?*

LECCION 6.ª
SISTEMAS TEOLOGICOS ACERCA DE LA GRACIA (I)

Para saber a qué atenerse en esta materia de las doctrinas de la gracia, es muy conveniente conocer los distintos sistemas o explicaciones que se han dado para dar a entender la coordinación que hay entre la acción divina de la gracia y la parte que corresponde a la actividad humana en lo tocante a la salvación.

1. Pelagianismo

Pelagio fue un austero y flemático monje británico (360-422), cuyas enseñanzas respecto del pecado y de la gracia eran las siguientes:

A) Adán fue creado en una condición natural, ni santo ni pecador, con un albedrío totalmente libre para seguir el bien o el mal, y era mortal por naturaleza. Decidió pecar, pero su pecado sólo le afectó a él. Por tanto, no existe el pecado original hereditario, sino que cada hombre nace en la misma condición moral y espiritual en que Adán fue creado.

B) El hombre actual es totalmente libre para el bien y para el mal, pudiendo por sus propias fuerzas evitar todo pecado y alcanzar la salvación eterna. La epidemia de pecado que hay en el mundo se debe a la mala educación, a los malos ejemplos y al hábito o costumbre de pecar.

C)   Por consiguiente, no es necesaria ninguna *gracia interior* para poder salvarse, para practicar la virtud y evitar el pecado; aunque pueden llamarse gracias las facultades naturales que Dios nos ha dado, la revelación que nos ha trasmitido en su Palabra, y el ejemplo maravilloso de Jesucristo.

D)   Los niños, que carecen del normal uso del albedrío, necesitan ser bautizados para ser consagrados a Dios y poder entrar en el Reino de los Cielos (sin duda, así entendió Pelagio Juan 3:5). Si no se les bautiza, entrarán también en el Cielo, pero participarán allí de un grado inferior de felicidad, que Pelagio llamó "la vida eterna".

2. Semipelagianismo

Pelagio enseñó sus errores en la misma Roma, entre los años 409 y 411, mientras algunos de sus discípulos lo hacían en otros lugares. Su principal adversario fue Agustín de Hipona, quien defendió con energía las doctrinas bíblicas de la gracia. Aunque en 416 fue condenado por los Sínodos de Milevi y Cartago, Pelagio engañó al obispo de Roma Zósimo, quien le dio en 418 un certificado de ortodoxia. Finalmente, el Concilio de Efeso le condenó en 431. Pero entonces surgió un movimiento que pretendía salvaguardar el papel preponderante del libre albedrío, sin negar la necesidad de la gracia para salvarse. Este movimiento fue conocido con el nombre de "doctrina de los *Marselleses*",porque sus principales fautores fueron Casiano, abad de Marsella, Genadio, también de Marsella, Vicente de Leríns y Fausto de Riez (algunos de ellos, por cierto, canonizados como santos por la Iglesia de Roma). Su doctrina era, en síntesis, la siguiente:

A')   El hombre perdió la justicia original por el pecado, y necesita la gracia de Dios para obtener la justificación y, por ende, la salvación. Pero esta gracia está indiscriminadamente a disposición de todos. La consigue el que se esfuerza por alcanzarla.

B') El hombre, con el buen uso de su libre albedrío simplemente, puede pensar, desear, buscar y así merecer de alguna manera (preparándose para ella) la gracia de la salvación; con esta gracia común puede evitar todo pecado y perseverar por sí mismo (sin ninguna preservación divina) hasta el final en la salvación adquirida, o, más bien, en la virtud ejercitada. Así, tanto la salvación como la condenación dependen del libre albedrío.

C') Los niños que mueren antes del uso normal de la razón van al cielo si han sido bautizados. Si mueren sin el bautismo, se salvan o se condenan según lo que Dios haya previsto que harían si hubiesen llegado a ser mayores.

El Semipelagianismo fue condenado por el 2.º Concilio de Orange en 529, y las decisiones de este Concilio regional fueron aprobadas unánimemente, siendo confirmadas por el obispo de Roma Bonifacio II, que ya iba gradualmente aumentando su poder.

3. La Iglesia de Roma

Tras la muerte de Agustín, sus discípulos mantuvieron su doctrina, pero pronto comenzaron a dibujarse dos tendencias opuestas, cuyas victorias y derrotas oficiales fueron sucediéndose según el talante de los Papas y de los Concilios regionales. Varias desviaciones habían entrado en todas ellas: el sacramentalismo, la necesidad de la confesión auricular para recuperar la salvación, etc. Donde la autoridad de Agustín se mantenía, prevalecía la doctrina de la gracia irresistible y de la predestinación soberana de Dios (voluntarismo). Donde prevalecían las corrientes de los llamados "Padres de la Iglesia" de Oriente, como Jerónimo, Crisóstomo, etc., prevalecían también las doctrinas favorables al libre albedrío y a la *presciencia* divina como origen de a predestinación. Las tres principales escuelas de pensamiento dentro de la Iglesia de Roma han sido:

A") La *molinista*, de Luis de Molina (1535-1601), común entre los jesuitas. Sostiene que la caída original no afectó
a las facultades naturales del hombre; que éste puede disponerse de algún modo a la gracia; que la eficacia de la gracia
depende de la cooperación del albedrío; que Dios salva o
condena según prevé lo que cada uno va a hacer ("*post praevisa mérita*").

B") La *agustiniana*, propia de los frailes agustinos, sostiene la incapacidad natural del hombre para la salvación y la
eficacia *psicológica* (de atracción, Jn. 6:44, versículo del que
Agustín hizo una fascinante exégesis) de la gracia salvadora.
También sostienen una predestinación lógicamente anterior a
la presciencia. En cuanto a la perseverancia, se ven obligados
a admitir las enseñanzas de Trento, no muy acordes con las
de Agustín.

C") La *dominicana* o *tomista*, propugnada especialmente
por los frailes de la Orden de Predicadores, fundada por el
español Domingo de Guzmán (Orden a la que perteneció
Tomás de Aquino). Sostiene también la incapacidad natural
del hombre, enseña la eficacia *física* (en virtud de la radical
indeterminación de la voluntad humana) de la gracia, y la
predestinación lógicamente anterior a la presciencia ("*ante
praevisa mérita*").

D") Es digna de mención la doctrina de Alfonso M.ª
de Liguori (o Ligorio), fundador de los Redentoristas, que
sostiene una posición intermedia entre el Molinismo y el To-
mismo, diciendo que a todos se da gracia *suficiente* para orar;
y al que ora, se le da gracia *eficaz* para salvarse. De ahí
la máxima: el que ora, se salva; el que no ora, se condena.

CUESTIONARIO:

*1. ¿Qué sostenía el Pelagianismo respecto a la condición
humana original, al poder del albedrío y a la necesidad de la
gracia? — 2. ¿Cómo nació el Semipelagianismo? — 3. ¿Cuál*

*es su doctrina respecto al poder del albedrío, la necesidad
de la gracia y la situación de los niños? — 4. ¿Cómo se
desenvolvieron estas doctrinas en la Edad Media? — 5. ¿Qué
dicen sobre la gracia y el albedrío jesuitas, agustinos, domi-
nicos y redentoristas?*

LECCION 7.ª
SISTEMAS TEOLOGICOS ACERCA DE LA GRACIA (II)

4. La Reforma

Los Reformadores, en general, restablecieron la doctrina bíblica sobre la corrupción moral y espiritual del hombre y, por ende, la absoluta necesidad que tiene de la gracia de Dios el hombre caído para su regeneración, justificación y santificación. Además de la gracia *eficaz*, que sigue a la elección y predestinación de los santos, admitieron una gracia común, que habilita a los hombres para recibir ciertas bendiciones divinas y especialmente para que puedan comportarse honestamente en sus relaciones cívicas y sociales.

Como los Reformadores no estaban totalmente de acuerdo en algunos detalles acerca de la corrupción de la naturaleza caída, tampoco lo estuvieron en cuanto a detalles sobre el modo de conjugar la eficacia de la gracia de Dios con la actividad responsable del hombre. La más notable diferencia entre Lutero y Calvino en este punto, [1] estuvo en que Lutero, poniendo su énfasis en la *fe* como medio de salvación, llegó a afirmar que un creyente podía perder la fe y, por tanto, la justificación; mientras que Calvino, poniendo el énfasis en la *gracia,* como instrumento de la omnipotencia divina (V. Jn. 10:28-30), aseguró que un creyente no puede perder su fe, porque no puede perder la gracia que la sostiene.

---

1. Diferencia a la que ya hemos aludido en la lección 2.ª

En cuanto a la predestinación, Zuinglio fue el más extremista, insistiendo en los decretos divinos como causas últimas de la reprobación de los condenados; Calvino mantuvo la reprobación como doctrina bíblica, pero fue más cauto al explicarla como efecto de un decreto *permisivo;* Lutero creyó también en la doble pedestinación, pero a veces pareció apoyar la reprobación en la *presciencia* divina, más bien que en la predestinación; finalmente, Melanchton evitó cuanto pudo el hablar de predestinación. [2]

5. El Arminianismo

Al hablar de Arminianismo, es preciso distinguir entre el típico y *radical,* surgido en Holanda, y el *moderado* o wesleyano, del que nos ocuparemos a continuación.

Arminio (Jacobo Hermandzoon, 1560-1609), fue un teólogo holandés, discípulo de T. Beza y en un principio fue calvinista estricto, pero después se convirtió en un ferviente opositor del Calvinismo, llegando a tomar una posición cercana al Semipelagianismo. En algunos puntos, el Arminianismo se parece a la posición molinista; en otros, a la posición defendida por Alfonso de Ligorio. Podemos resumir así la doctrina arminiana:

A) El pecado de Adán no se imputa a sus descendientes como *pecado* propiamente dicho, sino como una enfermedad de la naturaleza, por la que el hombre no queda condenado, aunque sí inhabilitado para alcanzar la vida eterna y descubrir por sí mismo el camino de la salvación. Le queda, sin embargo, el libre albedrío suficientemente sano como para disponerse en alguna medida a la conversión.

B) El Espíritu Santo da a todos los hombres la gracia suficiente para poder contrarrestar los efectos del pecado y cooperar a la regeneración espiritual. El que hace buen uso

---

2. V. L. Berkhof, **The History of Christian Doctrines,** pp. 148-149.

de esta gracia *común* o *suficiente,* recibe la gracia *eficaz* de la obediencia evangélica. Si resiste a la gracia, el hombre se hace responsable de su no-regeneración. El que progresa por el camino de la obediencia evangélica, puede llegar a participar de la gracia, todavía mayor, de la *perseverancia* final.

C) Por consiguiente, el arminianismo no cree en la predestinación ni en la reprobación, sino que la elección divina se basa en la *presciencia* de la fe, obediencia y perseverancia, mientras que la reprobación se basa en la presciencia de la incredulidad, desobediencia y persistencia en el pecado. [3]

6. Wesley

John Wesley (1703-1791) defendió un arminianismo moderado. Su doctrina puede resumirse así:

A') El pecado original no es meramente una enfermedad de la naturaleza, como Arminio pretendía, sino *pecado* en toda su realidad y, por tanto, constituye al hombre *reo* en la presencia de Dios. Así que el pecado de Adán es *imputado* de verdad a sus descendientes. Pero este reato original ha quedado cancelado por la expiación general llevada a cabo por Jesucristo en el Calvario.

B') El hombre, por naturaleza, está totalmente depravado y no tiene capacidad alguna para cooperar con la gracia de Dios, pero, en virtud de la redención universal llevada a cabo por Jesucristo, todos los hombres tienen a su alcance la gracia suficiente para poder volverse hacia Dios con fe y arrepentimiento.

C') Existe en Dios una voluntad antecedente *universal* de salvación, o sea, Dios quiere que todos los hombres sean salvos; por eso, aunque por naturaleza no pueden usar su albe-

---

3. V. L.S. Chafer, ST, III, pp. 273-312.

drío para el bien, Dios ofrece a todos, en virtud de la obra
de Cristo en el Calvario, la gracia que les hace libres y con
la cual pueden aceptar o rechazar el mensaje de la salvación.
No existen decretos divinos que predestinen infaliblemente,
desde la eternidad, al Cielo o al Infierno. [4]

7. El Calvinismo

El Calvinismo sostiene la elección y la predestinación
divinas como lógicamente anteriores a la presciencia y hace
énfasis en la libre y soberana iniciativa de Dios. Dios llama
y atrae irresistiblemente a los que quiere salvar, otorgándoles
una gracia *eficaz* que quiebra la resistencia de la voluntad
humana. Comoquiera que el hombre, por el pecado, es un
cadáver en el orden espiritual y nada puede hacer por sí mismo, ni para disponerse a la justificación ni para cooperar a
ella, el Espíritu Santo produce la regeneración espiritual en
el interior de los que se han de salvar. Una vez vivos, pueden
ver (Jn. 3:3) el Reino de Dios, o sea, creer con fe salvífica y
ser justificados. La iniciativa divina se mantiene a todo lo
largo de la obra de la salvación.

El Calvinismo auténtico, o sea, el que sigue en todo la línea doctrinal de Calvino, suele resumirse en los siguientes
cinco puntos:

(a) La total depravación del hombre por la caída original.

(b) La elección eterna e incondicional de los que han
de ser salvos.

(c) La redención limitada: Cristo murió sólo por los que
han de ser salvos.

(d) El llamamiento eficaz a la salvación.

---

4. V. L. Berkhof, **The History...**, pp. 155-156; E. Trenchard
—J.M. Martínez, **Escogidos en Cristo**, pp. 259-261.

(e) La perseverancia final de los elegidos, debida a la preservación divina.

En el Calvinismo suelen distinguirse dos tendencias: [5]

A") *Los Supralapsarios o Ultracalvinistas* (llamados también *Hipercalvinistas*) que ponen el decreto de elegir a los que han de ser salvos como lógicamente anterior al decreto de crear al hombre y de permitir el pecado original. De este modo, Dios destina a unos hombres al Cielo y a otros al Infierno en un decreto lógicamente anterior al de la existencia de la raza humana (incluso, anterior a la creación del mundo). Por tanto, admite no sólo una predestinación, sino también una reprobación *positiva*. No se otorga otra gracia que la gracia eficaz que salva a los elegidos, a los que Dios mira con complacencia desde toda la eternidad. Este sistema hace del Dios infinitamente bueno, justo y misericordioso, un tirano arbitrario que destina a la condenación a seres humanos antes de que sean previstos como existentes y, por tanto, como pecadores merecedores de condenación. Tampoco se compagina con Ef. 2:3, donde Pablo se incluye a sí mismo (un elegido) entre los que *"en otro tiempo... éramos por naturaleza hijos de ira"*. Una cosa es ser objeto de la *benevolencia* divina, cuando alguien ha sido elegido desde la eternidad para ser salvo; y otra cosa muy distinta es ser objeto de la *complacencia* divina cuando todavía se es pecador y rebelde. Confundir ambas cosas es confundir el orden de la *intención* con el de la *ejecución*.

B") Los *Infralapsarios* ponen el decreto de crear al hombre y de permitir el pecado original como lógicamente anterior al decreto de elegir a los que han de creer y ser salvos. De esta forma, hay una predestinación eterna para los elegidos, pero la reprobación de los condenados es *negativa*, es decir, no es intentada directamente, sino permitida a consecuencia del estado de *perdición* en que Dios contempla ya a

5. V. mi libro **Un Dios en Tres Personas** (Barcelona, CLIE, 1974), pp. 188-191.

la raza humana. En otras palabras, para evitar una confusión frecuente, diremos que Dios no distribuye en dos montones a los hombres que determina crear: unos, para el Cielo; otros, para el Infierno; sino que, suponiendo ya a toda la raza humana caída en la corrupción (*"infra lapsum"* = después de la caída), elige con soberana libertad y por pura misericordia el salvar a algunos, dejando justamente a otros en el camino de la condenación a la que voluntariamente se dirigen. Esta es la tendencia que mejor se compagina con las enseñanzas de la Escritura y con la auténtica doctrina de Calvino. Los infralapsarios, en general, admiten una gracia *común*, no eficaz ni salvífica, y una oferta común de salvación mediante la predicación del mensaje de la Buena Noticia a todos los hombres.

8. Un Calvinismo rebajado

Partiendo precisamente de esta común oferta de salvación, patente en el Nuevo Testamento (baste con citar 1.ª Tim. 2:4), un grupo de Calvinistas moderados, llamados también Fuleristas (de Andrew Fuller), introducen una importante variante en el orden de los decretos divinos, negando el punto 3.º del Calvinismo clásico (la redención limitada) y poniendo el decreto de proveer salvación para todos los hombres por delante del decreto de elegir a los que han de creer y ser salvos. De esta forma se salvaguarda la voluntad salvífica antecedente universal de Dios y el valor absoluto de la redención de Cristo, de acuerdo con 2.ª Cor. 5:19, que establece una *reconciliación* universal en tiempo pasado (*"estaba..."*), en contraste con el *"Reconciliaos con Dios"*, del versículo siguiente. De esta forma se puede decir que Jesucristo murió *por todos*, aunque no a todos se aplica eficazmente el fruto de la Redención. [6]

---

6. V. L.S. Chafer, o. c., III, pp. 178ss. Personalmente opino que éste es el sistema más acorde con la Palabra de Dios, tomada en su conjunto.

CUESTIONARIO:

1. ¿Qué enseñó la Reforma acerca de la corrupción original y la necesidad de la gracia? — 2. Diferencias entre Lutero y Calvino en cuanto a la perseverancia final de los elegidos. — 3. Diferencias entre los Reformadores acerca de la predestinación y de la reprobación. — 4. ¿Cuál es la doctrina arminiana en cuanto al pecado original, la cooperación a la gracia, y la predestinación? — 5. El arminianismo moderado de Wesley. — 6. La doctrina de Calvino. — 7. Las tres variantes del Calvinismo.

Tercera parte

El proceso de selección

LECCION 8.ª LA ELECCION ETERNA

Nuestra salvación ha tenido, por decirlo así, una prehistoria. Antes de que naciésemos, desde toda la eternidad, Dios tenía un plan amoroso que nos englobaba a cada uno de nosotros, no en general y de una manera vaga, sino personalmente y con todo detalle. *"Nos escogió en Cristo antes de la fundación del mundo"* (Ef. 1:4). Hubo una elección eterna para cada uno de los creyentes, una predestinación, una preparación del Espíritu Santo para que todas las cosas convergiesen en favor nuestro (V. Ef. 1:11-12). Finalmente, en un día de nuestra biografía concreta, se produjo un llamamiento eficaz de la gracia de Dios, que tuvo por resultado nuestra regeneración espiritual y nuestra conversión. Así pues, antes de tratar del proceso de la conversión, vamos a tratar de la elección divina, dejando para las lecciones próximas los temas de predestinación y llamamiento de Dios.

1. Noción de elección divina

En consonancia con nuestra visión calvinista infralapsaria de esta materia, podemos dar, con A.H. Strong, la siguiente definición de elección: "Es el acto eterno de Dios por el cual, en su soberana benevolencia y sin atender a ningún mérito previsto que ellos hubieren de hacer, escoge algunos de entre el número de los pecadores, para que lleguen a ser recipiendarios de la especial gracia de Su Espíritu y, por ende,

a ser hechos partícipes voluntarios de la salvación obtenida
por Jesucristo." [1]

2. Existencia de esta elección

El uso ambiguo de algunos pasajes ha hecho que los ad-
versarios de la libre y soberana elección de Dios hayan
podido atacar con cierto éxito algunos flancos aparentemente
débiles de la argumentación calvinista. Vamos, pues, a con-
centrarnos en pasajes y términos que no ofrezcan ambigüedad
a este respecto, que traten de personas individuales y que
se refieran a la salvación eterna.

A) Pasajes en los que aparecen el verbo *"eklégo"* =
elegir, o el participio sustantivado *"eklektós"* = elegido. Este
verbo implica una selección hecha libre y misericordiosamente por Dios (V. Mc. 13:27; Lc. 18:7; Ef. 1:4,5,9,11; Col.
3:12; 2.ª Tes. 2:13; 1.ª Ped. 1:1-2). Obsérvese: (a) que
sólo existe *elección* cuando ésta depende enteramente de la
libertad del que elige, no del mérito, del trabajo o del esfuerzo de los competidores; (b) que en ninguno de los pasajes
citados se dice que la elección se efectúe *por* la respuesta humana, sino *para* que ésta se produzca.

B) Pasajes en que aparecen los verbos *"ginósko"* =
conocer, o *"proginósko"* = conocer de antemano. El uso bíblico de estos verbos no expresa un mero conocimiento intelectual, sino más bien un conocimiento afectivo, entrañable,
experimental, fruto de un favor gratuito, determinado única-
mente por una benevolencia selectiva (V. Gén. 18:19; Ex.
2:25; Sal. 1:6; 101:4; Oseas 13:5; Amós 3:2; Nahum 1:7;
Mt. 7:23; 25:12; Rom. 7:15; 11:2; 1.ª Cor. 8:3; Gál. 4:9;
1.ª Tes. 5:12,13; 1.ª Ped. 1:20, y especialmente Rom. 8:29,
donde *"proégno"* supone la elección que lógicamente precede
a la predestinación —*"proórisen"*—, enumerando después en

---

1. **Systematic Theology,** p. 779 (Traduzco del inglés).

sucesión cronológica los tres pasos de la ejecución en el tiempo: llamamiento, justificación y glorificación, v. 30).

3. Objeciones contra la doctrina de la elección

A') Un Dios justo y bueno no puede excluir a nadie en sus designios salvadores. Respuesta: Dios no excluye a nadie de la salvación. Todos los pecadores se han excluido a sí mismos de la salvación. Dios obra misericordiosamente, a la vez que libremente, al elegir a quienes quiere salvar.

B') La elección pone en Dios acepción de personas, o sea, parcialidad o favoritismo. Respuesta: No habiendo en los hombres nada que pueda determinar la elección de Dios, no hay favoritismo, pues la acepción de personas sólo tiene lugar cuando se da a alguien un trato de favor en perjuicio de otro que ha hecho más méritos para ello.

C') La elección supone arbitrariedad por parte de Dios. Respuesta: Arbitrario es quien, debiendo comportarse según normas fijadas, se salta estas normas por complacer a sus favoritos. Pero Dios es soberanamente libre y conoce en su infinita sabiduría razones santas para su elección; estas razones se encuentran en Dios, no en los hombres.

D') La elección induce a los salvos a despreocuparse de la moralidad, al par que induce a los reprobados a la desesperación. Respuesta: La elección a la salvación comporta la regeneración espiritual y la santificación y, por tanto, la conducción del Espíritu y la obediencia a la Ley de Cristo, mientras que para nadie es fuente de desesperación (puesto que la elección divina es un secreto), sino de estímulo, pues la predicación del Evangelio estimula a todos a quedar convictos de pecado y anhelar la salvación. Como dice Strong, la pregunta del pecador no debe ser: "¿Soy uno de los elegidos?", sino: "¿Qué debo hacer para ser salvo"? (Hech. 16:30). [2]

---

2. **O. c.**, p. 789.

E') El decreto de elección lleva consigo un decreto de reprobación. Respuesta: El decreto de elección es *positivo* (librar a algunos de la perdición en que están), mientras que el decreto de reprobación es *negativo,* o mejor dicho, *permisivo,* ya que se reduce a dejar al pecador en su camino de rebeldía, cuyo justo castigo es la condenación.

¿Se perdería la libre y amorosa iniciativa divina si Dios ofreciese a *todos* inmerecidamente la gracia de la salvación, de manera que sólo se condenase el que voluntariamente la rechazase? Respondemos: (a) Se salvaría la iniciativa divina. pero lo que se trata de salvar aquí, a la luz del Nuevo Testamento, es el concepto de elección y de predestinación; (b) En realidad, sólo se condena el que voluntariamente rechaza la gracia de la salvación, pues la luz de Jesucristo ilumina suficientemente a todo hombre (Jn. 1:9), como para dejar sin excusa a los que no creen. De ahí que el "creer o no creer" es lo que, en realidad, marca la línea divisoria entre la salvación y la condenación (Jn. 3:16-21). Ahora bien, aun cuando esta alternativa queda de alguna manera en manos del hombre, bajo su responsabilidad, no puede olvidarse que también la fe es un "don de Dios" (Ef. 2:8), con lo cual se preserva la libre iniciativa divina en el proceso de selección.

CUESTIONARIO:

1. ¿Qué temas deben ser abordados antes de tratar del tema de la conversión? — 2. ¿Cómo podemos definir el acto de la elección divina? — 3. ¿Qué dos series de pasajes novotestamentarios prueban la doctrina de la elección? — 4. ¿Tiene Rom. 8:29-30 alguna fuerza especial a este respecto? — 5. ¿Supone esta doctrina alguna injusticia, parcialidad o arbitrariedad por parte de Dios? — 6. ¿Induce la elección inmoralidad en unos y desesperación en otros? — 7. ¿Es cierto que la elección lleva consigo el decreto de reprobar a algunos? — 8. ¿No podría Dios ofrecer la salvación a todos?

LECCION 9.ª LA PREDESTINACION

1. Noción de predestinación

Aunque la elección divina y la predestinación son inseparables, sin embargo sus respectivos conceptos son distintos. En efecto, la elección comporta el acto de *escoger* a los que Dios quiere hacer partícipes de su gracia, mientras que la predestinación apunta directamente al *objetivo* o meta para la cual han sido escogidos por Dios. La distinción se ve claramente en el pasaje de Rom. 8:29, que ya hemos estudiado en la lección anterior: *"a los que de antemano conoció* (escogió), *a éstos predestinó* (les marcó un objetivo determinado) *a ser moldeados según la imagen de Su Hijo"* (he aquí el objetivo).

Lo mismo el Dr. E.F. Kevan [3] que O. Cullmann [4] hacen ver cómo la *elección para la revelación* y la *elección para la salvación* se extienden y corren paralelas desde la elección de Seth, pasando por las de Sem, Abraham, Jacob o Israel, y el "resto" o "remanente", para confluir en Jesucristo y, desde El y en El, extenderse al "nuevo Israel de Dios", *"pueblo adquirido por Dios"* (1.ª Ped. 2:9), en el que ya no cuentan ni la genealogía ni la raza, sino la pura elección en Cristo para la gloria de Dios.

---

3. En **Dogmatic Theology**, V, lecciones 4.ª y 5.ª

4. En su **Historia de la Salvación** (trad. de V. Bazterrica, Barcelona, Colección Pensamiento Cristiano, 1967).

Efesios 1:1-14 es el pasaje más significativo a este respecto. Allí vemos que: (a) Dios tiene un designio misterioso en su elección y predestinación (vers. 4,5,9); (b) ese designio nace de pura gracia, sin mérito nuestro, *"según el puro afecto de su voluntad"* (vers. 5,6,7,9); (c) ello comporta para nosotros *"toda clase de bendición espiritual en el Cielo"* (vers. 3), bendiciones que se enumeran en los versículos siguientes; (d) se nos destina a una herencia con Cristo, en virtud del Nuevo Pacto (vers. 11); (e) mediando una *"promesa"*, incluida en *"la palabra de verdad"* (vers. 13, comp. con 2.ª Ped. 1:4); (f) el Nuevo Pacto, con el perdón de nuestros pecados y la introducción en la herencia, se sella con la sangre redentora de Cristo (vers. 7).

2. Dos verbos significativos

A) El primer verbo griego que, en el Nuevo Testamento, tiene que ver con la predestinación es *"proorízo"*, que significa precisamente "pre-destinar", o sea, "destinar de antemano". En su raíz lleva la idea de "límite" o frontera", con lo que el verbo *proorízo* viene a tener el sentido de "delimitar de antemano", o sea, trazar una línea divisoria que separe dos campos, dos actividades, dos metas. De esta raíz se deriva la palabra castellana "horizonte", que expresa "la línea que *limita* —delimita— la tierra con el firmamento". Otro término afín es "aoristo", que equivale, en Gramática, a nuestro pretérito *indefinido,* pues eso es lo que significa el término griego "aoristo".

El verbo *proorízo* aparece en Hech. 4:28 ("proórisen") para referirse al designio deliberado de Dios de entregar a Cristo a la muerte (comp. con el "orisméne" de Hech. 2:23); en Rom. 8:29 ("proórisen") para designar el objetivo de la "pre-cognición" ("proégno") por la cual Dios ha escogido a los suyos a *ser hechos conformes* (no a hacerse a sí mismos conformes; analícese bien el sentido y forma gramatical del original) a la imagen de Jesucristo, el primogénito de muchos hermanos; en 1.ª Cor. 2:7 ("proórisen") para designar la bondad sabia y misteriosa de Dios, que desde la eternidad había destinado la realización del misterio de Cristo, la Sabiduría encarnada, para concedernos su "gloria", o sea, los beneficios de la salvación (comp. con Rom. 3:23); en Ef. 1:5 designa el propósito libre y deliberado de Dios de destinarnos a ser adoptados como hijos suyos; finalmente, en Ef. 1:11 ("proorísthentes" = habiendo sido predestinados, es aoristo pasivo) designa, como se ve por el contexto, la libre y soberana destinación hecha por Dios para que fuésemos obsequiados con la herencia ("ekleróthemen", también aoristo pasivo).

En todos estos casos podemos, pues, observar que se trata de una libre y soberana elección de Dios, que, desde la eternidad, sin tener en cuenta los méritos o esfuerzos humanos, *traza una línea netamente divisoria*, delimitante entre ocultación y revelación, retención y entrega, condenación y salvación. Esta acción *delimitante* de Dios no podría tener lugar si el hombre, con su iniciativa o con su respuesta, se trazase a sí mismo la línea de demarcación entre la muerte y la vida.

B) El segundo verbo que vamos a considerar es "*tásso*" o "*tátto*" = ordenar, el cual aparece en un pasaje muy significativo, y que ha dado lugar a mucha discusión. El pasaje en cuestión es Hechos 13:48. Nuestra versión Reina-Valera (tanto la antigua como la revisada de 1960) deja ambigua la traducción ("y creyeron todos los que *estaban ordenados* para vida eterna"), siendo así que el tiempo usado en el original es pretérito pluscuamperfecto ("habían sido ordenados"). Peor todavía es la versión católico-romana Regina, que dice: "Y abrazaron la fe cuantos *estaban dispuestos* para la vida eterna", lo cual, cambiando el verbo, puede inducir a pensar que el pecador se dispone a sí mismo para creer y alcanzar la vida eterna. Sin embargo es curioso que otras dos versiones también católico-romanas, que ahora tengo ante mis ojos, la de J. M. Valverde y L. Alonso Schökel, y la Fuenterrabía, cambiando también el verbo, pero mejorando el sentido, dicen: "cuantos *estaban destinados* a la vida eterna".

La discusión se centra sobre el punto de si se trata de la voz media ("se habían ordenado a sí mismos hacia la vida eterna") o de la voz pasiva ("habían sido ordenados hacia la vida eterna"). Entre los que defienden lo 1.º (que favorece a la posición arminiana) está E.M. Blaiklock, [5] quien acusa a los calvinistas de no haberse dado cuenta del texto ni del contexto. En realidad, es él quien no ha comprendido el texto, por no haber observado el sentido claramente *pasivo* del verbo griego, a la luz de Rom. 13:1 (texto claro) y de 1.ª Cor. 16:15, donde el apóstol usa la voz activa con pronombre reflexivo para expresar la idea que aquí nos daría un sentido arminiano. El sentido pasivo es tan evidente que alguien tan poco sospechoso de calvinismo como es el erudito jesuita Zerwick, en su excelente "*Lexicon Graecum Novi Testamenti*", se ve constreñido a traducir: "pósiti sunt in trámite quó itur ad vitam aeternam" = fueron puestos en la senda que conduce a la vida eterna. La referencia de Blaiklock al contexto es todavía más desacertada, pues ni la frase "*no os juzgáis dignos de la vida eterna*" es prueba de una elección libre (lo es de un juicio erróneo, que no es lo mismo), ni la alusión a Jn. 15:16 tiene fuerza alguna, pues el Prof. Blaiklock ha confundido lamentablemente el verbo *títhemi* de Jn. 15:16 con el verbo *tásso* de Hech. 13:48 (Jn. 15:16 dice *étheka*, no *étaxa*). El texto, pues, como todo el contexto general del Nuevo Testamento, sólo favorece a la interpretación calvinista.

---

    5. **The Acts of the Apostles** (London, The Tyndale Press. 1961), p. 110.

CUESTIONARIO:

1. ¿En qué se distingue el concepto de elección del de predestinación? — 2. ¿Qué etapas recorre la elección divina en la Historia de la salvación? — 3. ¿Qué nos enseña Ef. 1:1-14 a propósito de la predestinación? — 4. ¿Qué sentido tiene el verbo "proorizo" y cuál es su fuerza en los textos novotestamentarios? — 5. ¿Cuál es la exégesis correcta de la frase griega "tetagménoi ésan" de Hech. 13:48?

LECCION 10.ª   EL LLAMAMIENTO DIVINO

1.   ¿Qué se entiende por llamamiento divino?

Volviendo una vez más a Rom. 8:28-30, vemos que los escogidos de Dios son los que *"conforme a su propósito son llamados"* (vers. 28). Es decir, el propósito de Dios (que incluye la elección y la predestinación) precede al llamamiento. Lo cual se confirma por el vers. 30, donde leemos: *"Y a los que predestinó, a éstos también llamó"*. ¿En qué consiste este llamamiento divino? Podemos definirlo, con A.H. Strong, diciendo que "es el acto de Dios por el que los hombres son invitados a recibir (Strong dice "aceptar", pero este término no es bíblico), por fe, la salvación provista por Cristo". [6] Hay dos clases de llamamiento:

A)   *General, común o exterior.* Este es el llamamiento universal que Dios hace a todos los hombres mediante la acción de Su Providencia, mediante la predicación del Evangelio a todas las gentes, y mediante la acción del Espíritu Santo en todos los corazones con lo que comporta cierta parte de *interioridad* (V. Is. 45:22; 55:6; 65:12; Ez. 33:11; Mt. 11: 28; 22:3,14; Mc. 16:15 —según exégesis probable—; Jn. 1:9; 1.ª Tim. 2:4). Dice J. Murray:

------

6.   **O. c.,** p. 790.

"Las propuestas de gracia en el Evangelio, dirigidas a todos los hombres sin distinción, son muy reales y debemos mantener esta doctrina, con todas las implicaciones que comporta respecto a la gracia de Dios, por una parte, y a la responsabilidad y privilegio que suponen para el hombre, por otra".[7]

Esta llamada común comporta una gracia común, que obra en doble sentido:

(a) evitando una mayor degeneración de la humanidad caída, y cooperando así al mantenimiento de ciertas virtudes cívicas, sociales, familiares, etc.;

(b) ofreciendo un primer regusto de las cosas espirituales, aunque por la resistencia del sujeto (Hech. 7:51) no llegue a desembocar en una verdadera conversión. Dos pasajes son significativos a este respecto: 1) la parábola del sembrador (Mt. 13:1-9,18-23; Mc. 4:1-9,13-20; Lc. 8:4-8, 11-15), la cual nos habla de quienes *"oyen la palabra y la reciben con gozo"* y, sin embargo, *"en el tiempo de la prueba se apartan"* ("apostatan", según el verbo griego), manifestando así su condición de inconversos; 2) Hebr. 6:4ss., donde se habla de quienes *"una vez fueron iluminados y gustaron del don celestial, y fueron hechos partícipes del Espíritu Santo..."*, pero retrocedieron, lo cual no cabe en verdaderos creyentes (V. también 2.ª Ped. 2:20-22).[8]

B) *Particular, interior, eficaz.* Es el llamamiento del Espíritu Santo a los elegidos para salvación (V. Rom. 1:7; 8:30; 11:29; 1.ª Cor. 1:23,24,26; Ef. 1:18; 4:1,4; Flp. 3:14; 1.ª Tes. 2:12; 2.ª Tes. 2:14; 2.ªTim. 1:9; Heb. 3:1; 2.ª Ped. 1:10). Como muy bien advierte J. Murray[9], Dios

7. En **Redemption Acomplished and Applied**, p. 88 (Traduzco del inglés).
8. V. para todo este tema de la "gracia común", L. Berkhof, **Systematic Theology**, pp. 432-446, aunque su ataque a los Anabaptistas necesita matización.
9. **O. c.**, pp. 89ss.

Padre es el autor de este llamamiento eficaz (V. 1.ª Cor. 1:9).
Rom. 1:6-7 nos declara que este llamamiento es una agrega-
ción. Así Efesios 4:1 nos lleva, por el concepto de llamamiento o "klésis", a la unidad del Cuerpo de Cristo, o sea, a la
"ekklesía". En efecto, ya podemos ver en el volumen VI de
esta serie teológica (*La Iglesia, Cuerpo de Cristo*) cómo el
término "ekklesía" indica una comunidad que, habiendo
sido *llamada del mundo* (segregada), ha sido al mismo tiempo
llamada a formar el rebaño (grey) de las ovejas salvas por
Cristo y en Cristo (congregada). Rom. 8:29; Ef. 1:4-7 y
2.ª Tim. 1:9, entre otros textos, nos manifiestan claramente el
papel central que Jesucristo desempeña en este llamamiento
del Padre a sus elegidos. 1.ª Cor. 1:9 explica que el objetivo
de este llamamiento es la "koinonía" o *comunión* con Jesucristo, con lo cual todos los bienes salvíficos nos vienen por
El: "*por El estáis vosotros en Cristo Jesús, el cual nos ha
sido hecho por Dios sabiduría, justificación, santificación y
redención*" (esto último se refiere en particular a la glorificación final: 1.ª Cor. 1:30, comp. con Rom. 8:23; Ef. 1:14;
4:30).

2. Características del llamamiento divino

A') Es una llamada *eficaz*, por la que el Espíritu Santo,
usando la predicación del Evangelio como un medio moral de
persuasión y aplicando poderosa y eficazmente la Palabra al
corazón del oyente, origina un cambio de mentalidad, una
nueva disposición en el sentimiento, una nueva actividad en
la voluntad. Preferimos usar el término "eficaz" en vez
de "irresistible", porque este último podría inducir la idea
de coacción o violencia por parte de Dios. Aunque el verbo
helkyo, usado en Jn. 6:44, significa atraer tirando, arrastrar
con violencia, ello ha de entenderse aquí no de violencia física,
sino de suave y dulce atracción psicológica, como dice Agustín de Hipona, en su comentario a este versículo:

"¿Cómo puedo creer voluntariamente, si soy arrastrado? Yo te digo: poco es decir "voluntariamente", pues eres también atraído voluptuosamente... Pues si el poeta pudo decir: "A cada uno le atrae su placer" (Virgilio, *Ec.* 2, vers. 64); no necesidad, sino placer; no obligación, sino deleite; ¿con cuánta mayor fuerza debemos decir que un hombre es atraído a Cristo, el cual es la verdad, la felicidad, la justicia, la vida eterna? Dame a uno que ame de veras, y sentirá lo que estoy diciendo. Pero si hablo a uno que esté frío, no sabrá lo que digo". [10]

B') El llamamiento divino eficaz no quita la libertad, sino que *la da* (V. Jn. 8:32), porque, al infundir criterios correctos y motivos realmente valiosos, restaura el adecuado ejercicio del albedrío y confiere la facultad dignificante de poder llegar a ser *"hijos de Dios"* (Jn. 1:12), abandonando la esclavitud del pecado y del demonio.

C') El llamamiento divino produce un despertamiento, una reavivación (Ef. 2:1); en otras palabras, tiene como término directo, en el sujeto de la llamada, el fenómeno espiritual llamado "regeneración" (V. Jn. 3:3,5; 1.ª Ped. 1:22-23).

3. Dos preguntas

A") ¿Es sincera la llamada *general* de Dios? Sí, tan sincera como la promulgación del Decálogo a muchos que no lo iban a cumplir. Se puede ser sincero invitando a comer a alguien del que se sabe que va a rehusar la invitación (V. por ej., Is. 5:4; Apoc. 22:17).

B") ¿Han sido siempre amados por Dios los elegidos? Aunque ya lo hemos dicho en otra ocasión, vamos a repetirlo una vez más, por su importancia para un correcto enfoque

---

10. V. en Rouet de Journel, **Enchiridion Patristicum**, n.º 1822.

teológico: Los elegidos han sido siempre amados por Dios con amor de *benevolencia*, por la predilección eterna de Dios; pero con amor de *complacencia*, sólo son amados después de su conversión.

CUESTIONARIO:

1. ¿Qué entendemos por "llamada divina"? — 2. ¿A qué llamamos "llamada común", y por qué es sincera? — 3. ¿Qué es llamada eficaz y cómo se compagina con la libertad del hombre? — 4. ¿Cuál es el término directo de esta llamada?

Cuarta parte

El proceso de la conversión

LECCION 11.ª LA REGENERACION ESPIRITUAL (I)

1. El momento decisivo

El momento decisivo para la vida del creyente es la *conversión*. El verbo "convertirse", precedido de la exhortación del Señor, es muy frecuente en el A. Testamento. Los principales textos del Nuevo Testamento son: Mt. 13:15; Mc. 4:12; Lc. 1:16; Jn. 12:40; Hech. 3:19,26; 14:15; 26:18; 28:27; 1.ª Tes. 1:9. El verbo castellano "convertirse" (convertirse), como el griego "epistrépho", significa "volverse, darse la vuelta".

En Jer. 2:13, dice Dios: *"Dos males ha hecho mi pueblo: me dejaron a mí, fuente de agua viva, y cavaron para sí cisternas, cisternas rotas que no retienen agua."* Se queja el Señor de que su pueblo le había vuelto la espalda, a pesar de ser El *fuente de agua viva* (agua clara, pura, corriente), o sea, la única fuente de salvación y felicidad, y se habían dado a la idolatría, al pecado, cavándose *cisternas* (agua estancada, sucia) *que no retienen agua* (rotas, cavadas en terreno poroso, escapándose el agua), es decir, marchando hacia dioses falsos (todo pecado entroniza un ídolo en nuestro corazón), que no pueden dar la salvación ni la felicidad. En esta condición se halla todo pecador no convertido: ha dado la espalda a Dios, y la cara al pecado. ¿Qué debe hacer para ser salvo? Darse media vuelta, para dar la espalda al pecado, y la cara a Dios. Esta media vuelta hacia Dios es la *conversión*. Como el abandono de Dios o *aversión* (perversión dice

Ecl. 7:29) implicaba dos males (el pecado no sólo es una
culpa contra Dios, sino también el único mal grave para el
hombre): dejar a Dios y acogerse a un ídolo, así también
la conversión implica dos bienes: dar la espalda al ídolo y
la cara a Dios (V. 1.ª Tes. 1:9).

Por tanto, la *conversión,* por parte del hombre que se
convierte, tiene dos pasos (o, mejor, dos aspectos de un mismo
paso): el *arrepentimiento,* por el que se aborrece y abandona
el pecado, y la *fe,* por la que se recibe a Cristo. Pero hay que
tener siempre en cuenta que la iniciativa en todo lo que afecta
a la salvación, es siempre divina. Ello quiere decir que nadie
puede convertirse sin que Dios le haya antes vivificado, des-
pertado y convencido de pecado y de la necesidad de salvación. Así, la *regeneración* espiritual precede lógicamente a
todo cambio de mentalidad ("metánoia" término con que el
Nuevo Testamento expresa el arrepentimiento), mientras que
la fe es efecto de la gracia divina que conduce a la *justificación.*

2. Concepto de regeneración

Strong define así la regeneración: "Es el acto divino por
el que la disposición dominante de nuestra alma es hecha
santa, y por el cual, empleando la verdad como medio, es
asegurado el primer ejercicio santo de tal disposición." [1]

Por tanto, la regeneración comporta el lado *divino* del
cambio que se efectúa en nuestro corazón y que, visto desde
el lado *humano,* llamamos conversión: Dios cambia el norte
de nuestra brújula, y el corazón así cambiado se mueve en
dirección hacia el nuevo norte. De la misma manera que
Lázaro tuvo que ser resucitado antes de poder moverse (Jn.
11:43-44), así también nuestro corazón tiene que ser regenerado para caminar en la verdad. Nadie se nace a sí mismo;

---

1. **Systematic Theology,** p. 809 (Traduzco del inglés).

nadie se resucita a sí mismo; nacer y resucitar son verbos *pasivos* (V. Ef. 2:1ss.). Pero Lázaro, una vez resucitado, *sale* del sepulcro. Así también, el hombre regenerado sale del pecado y se dirige hacia Dios. De la misma manera que una placa fotográfica es sensibilizada por la misma luz que le permite reproducir la imagen del objeto, así también la misma entrada de la gracia y de la luz del Espíritu Santo, por la Palabra, vivifica el corazón y le permite recibir la verdad del Evangelio y adherirse a Jesucristo. Llevando más lejos la comparación de la fotografía, dice W.T. Thayer que "la herencia afecta a la regeneración de la misma manera que la calidad de la película afecta a la fotografía, y el ambiente la afecta de la misma manera que el foco de la cámara afecta a la foto."

3. Terminología bíblica

El Nuevo Testamento emplea diversos términos para expresar el comienzo de una nueva vida espiritual:

A) *"Gennáo"*, que significa "engendrar" o "dar a luz". Así lo encontramos en Jn. 1:13; 3:3-8; 1.ª Ped. 1:23; 1.ª Jn. 2:29.

B) *"Apokyéo"*, que significa "producir", "dar a luz", como en Sant. 1:18.

C) *"Ktizo"*, que significa "crear" y pone de relieve el hecho de que nuestra vida espiritual es de total iniciativa divina, como una creación *de la nada,* ya que nosotros no teníamos *nada* válido que aportar para nuestra regeneración: ni virtud, ni poder, ni mérito, pues estábamos *"muertos en nuestros delitos y pecados"* (Ef. 2:1). En el mismo sentido somos llamados *"nueva creatura"* y *"hombre nuevo"* (V. 2.ª Cor. 5:17; Gál. 6:15; Ef. 2:10; 4:24).

D) *"Synzoopoiéo"*, que significa "dar vida con", como en Ef. 2:5; Col. 2:19. Este verbo está compuesto de *"syn"*

= con "*zoé*" = vida (la vida eterna, que estaba en el Verbo, Jn. 1:4) "*poiéo*" = hacer.

Examinando estos términos en los contextos en que aparecen, nos daremos cuenta de que el comienzo de la nueva vida que llamamos "regeneración", tiene dos momentos o aspectos: la *generación*, o comienzo de una nueva vida dentro de nuestro ser; y el "*nuevo nacimiento*", o salida a la luz —parto— de la nueva vida. La generación implanta en nuestro interior el principio o semilla de la nueva vida; el nacimiento es la fecha en que la nueva vida se manifiesta operante.

4. Características de la regeneración

A') *Es instantánea.* La implantación de un nuevo principio de vida es siempre instantánea. Lo mismo pasa en nuestra vida espiritual. Aunque la Providencia de Dios y la obra del Espíritu hayan estado preparando el terreno gradualmente, debe haber un instante en que la disposición radical de nuestro corazón, antes hostil a Dios y a Su Palabra, se cambia en favorable y amorosa, bajo la influencia del Espíritu Santo. Todo lo que antecede a la regeneración (deseos, temores, reflexiones, lecturas, oraciones, asistencia a los cultos), puede ser parte de la preparación del Espíritu o simples reacciones humanas, pero no deben confundirse con la regeneración propiamente dicha.

B') *Es radical.* Porque es un cambio *total* en el estado del hombre, ya que toda la dinámica moral y espiritual de sus facultades se ve afectada por la nueva vida: una nueva gama de *criterios* acerca de los verdaderos valores ilumina su mente; un nuevo complejo de aficiones e intereses *dispone* sus sentimientos; un nuevo plantel de *motivos* guía las deliberaciones e impulsa las decisiones de su voluntad, *renovando* su energía operativa en el orden espiritual. En pocas palabras, la nueva vida comporta un correcto pensar, sentir, decidir y obrar.

Por ser un cambio radical, la regeneración es absolutamente necesaria para la salvación (V. Jn. 3:3,5; Rom. 8:7; 1.ª Cor. 2:14). Antes de la conversión, estamos "muertos" para la vida espiritual, y a un cadáver no se le va con medicinas, emplastos o inyecciones: es preciso que reciba una nueva vida. Por eso, al "sabemos" de Nicodemo (Jn. 3:2), no contesta Jesús con nuevas razones que refuercen las correctas convicciones apologéticas del fariseo, sino que, dando a la conversación un giro de 180 grados, le replica: "De cierto, de cierto te digo, que el que no naciere de nuevo, no puede ver el reino de Dios" (Jn. 3:3).

Esta *radicalidad* de la regeneración significa que el cambio se ha hecho desde la *raíz* del ser humano, desde lo que la Biblia llama el "corazón", pero no significa que sus facultades hayan quedado inmunizadas contra el error y el pecado. El regenerado puede todavía equivocarse y puede caer, pero el norte de su brújula queda fijado. Aunque el pecado llegue a anidar en él, será como un *cuerpo extraño* dentro de la nueva naturaleza (1.ª Jn. 3:8-9). Los salvos *"no andamos conforme a la carne, sino conforme al Espíritu"* (Rom. 8:4). Así como los no regenerados pueden obrar a veces como si fueran guiados por el Espíritu, aunque su brújula no marque el norte de la vida eterna, así también los regenerados pueden a veces hacer obras de la carne, pero no marchan según la brújula de la carne.

C') *Se produce primeramente en el corazón*, es decir, en aquella región del ser humano donde se fraguan las opciones fundamentales, y de donde emerge todo el talante de la conducta (Mt. 15:18-19; Mc. 7:21-22; Lc. 6:45; Jn. 7:17; Rom. 10:9-10). Esto indica que se realiza en la zona *subconsciente* (o inconsciente), donde la energía psíquica obtiene su volumen y dirección. En otras palabras, así como somos conscientes de nuestras ideas, sentimientos y decisiones, pero no de los secretos motivos que juegan en nuestras opciones, así también somos conscientes de que se ha efectuado un cambio en nuestra vida espiritual, pero no podemos decir cuándo, dónde y cómo fue implantado por el Espíritu el nuevo principio de vida en nuestro interior.

D') *No es un cambio óntico-físico, sino moral-espiritual.* La Teología tradicional católico-romana enseñaba que el justificado obtiene la participación de la divina naturaleza por medio de la *gracia santificante,* cualidad infusa que eleva al hombre al estado sobrenatural, confiriéndole así un principio *óntico,* connatural al nuevo estado. Nosotros admitimos la necesidad de un principio sobrenatural óntico, que mueva nuestras facultades en dirección a la vida eterna, pero decimos con Rom. 8:14 que ese principio no es una *cualidad infusa* o *accidente sobrenatural,* sino el mismo Espíritu Santo. En consecuencia, entendemos la participación de la divina naturaleza de que habla Pedro (2.ª Ped. 1:4), no como una "física comunión del hombre con Dios... por medio de un don creado" [2], sino como una participación moral en el modo divino de comportarse, huyendo del pecado y orientándose hacia la virtud, como explica bien el contexto posterior.

Por tanto, la regeneración espiritual no cambia la sustancia del ser humano ni de sus facultades, sino que es un cambio: (a) *espiritual,* por la recepción del Espíritu Santo, que impulsa a nuestro espíritu en un sentido contrario al anterior; (b) *moral,* porque origina nuevos hábitos o costumbres de obrar; (c) *psicológico,* porque nuestra "psiquis" recibe un nuevo poder y una nueva orientación. El hombre tenía antes el poder de amar, pero lo dirigía hacia sí mismo; ahora lo dirige hacia Dios y hacia el prójimo. Respecto al pecado, el hombre tenía el conocimiento del pecado, pero no el poder de contrarrestarlo; después de la regeneración, puede vencerlo con el poder del Espíritu.

---

2. Así dice L. Ott, **Fundamentals of Catholic Dogma**, p. 257.

CUESTIONARIO:

1. ¿Qué significa la palabra "conversión"? — 2. ¿Qué aspectos comporta la conversión desde los lados divino y humano? — 3. ¿Qué es la regeneración? — 4. ¿Cuál es la terminología bíblica a este respecto? — 5. Aspectos que hay que distinguir en el concepto de regeneración. — 6. ¿Es la regeneración instantánea o progresiva? 7. ¿Por qué decimos que la regeneración es un cambio radical? — 8. ¿De dónde arranca la necesidad de la regeneración? — 9. ¿Dónde se implanta el principio de la nueva vida espiritual? — 10. ¿Es un cambio óntico o moral?

5. La causa eficiente de la regeneración espiritual

Hablando el Apóstol Juan de los que han recibido la dignidad de llegar a ser hijos de Dios, especifica que *"no son engendrados de sangres, ni de voluntad de carne, ni de voluntad de varón, sino de Dios."* (Jn. 1:13). Así que:

A") *La regeneración no se produce por herencia.* El pecado original se transmite de padres a hijos por herencia, ya que toda la humanidad futura estaba representada en Adán pecador (Rom. 5:12ss.), pero la regeneración espiritual —obtenida en unión con Cristo (Ef. 2:5)— no se hereda de padres a hijos, sino que de la común *masa de perdición* van saliendo uno a uno (ésta es la fuerza distributiva del pronombre griego *"hósoi"* = todos cuantos, en Jn. 1:12) los creyentes, salvos por gracia, no por naturaleza (Ef. 2:3,8). Como alguien ha dicho expresivamente, "Dios no tiene *nietos, sino sólo hijos"*. Lo que quiere decir que uno no es salvo por tener padres cristianos, sino que para salvarse tiene que ser cristiano *él mismo.*

B") *La regeneración no es producto de la voluntad carnal.* No sólo porque no puede ser producida por el impulso sexual, sino porque nada hay a nivel del hombre carnal que pueda producirla: (a) No la *raza*, porque muchos de los pertenecientes al pueblo elegido no la obtuvieron, mientras que muchos gentiles de toda raza (*"del oriente y del occiden-*

te" Mt. 8:11; Lc. 13:29) la obtuvieron de un Dios que puede sacar de las piedras "*hijos de Abraham*"; (b) no el *lugar*, porque no hay ningún lugar bastante sagrado para santificar a un inconverso, como no hay ningún lugar demasiado profano para manchar a un justificado. Si el lugar hiciese a la persona, el que nace en un garaje tendría que ser un coche; (c) no la *civilización*, porque la bomba atómica del civilizado es más salvaje que el hacha del primitivo. Ni la cultura, ni el progreso, ni los avances sociales, pueden mejorar al hombre, a menos que se produzca en los corazones ese cambio radical que llamamos "regeneración" y "nuevo nacimiento"; (d) ni siquiera la *religión*, considerada como un código de normas morales, o como un conjunto de ritos y ceremonias, o como un cúmulo de verdades acerca de Dios, las cuales pueden aceptarse teóricamente sin haber nacido de nuevo (V. Sant. 2:19).

C") *La regeneración no es producto del esfuerzo humano.* La voluntad del hombre es incapaz de producir un fenómeno que rebasa sus posibilidades, de la misma manera que un cadáver no puede darse a sí mismo la vida. Ni el esfuerzo, ni el mérito, ni la colaboración de la voluntad humana pueden producir total o parcialmente la regeneración espiritual. Dos tendencias teológicas se oponen a esta verdad bíblica:

(a') el *Pelagianismo*, según el cual la regeneración consiste en la reforma moral de la propia vida, factible por el esfuerzo virtuoso de la voluntad humana, sin necesidad de un nuevo nacimiento, ni siquiera de la gracia de Dios. Pero la Biblia nos dice que el hombre que no ha nacido de nuevo, no puede someterse a la Ley de Dios; mucho menos, orientar sus facultades hacia la vida eterna, hallándose como se halla en estado de muerte. Como decía Calvino, el corazón del pecador es como un caballo que ha despedido al jinete, y corre salvajemente desbocado hasta que una mano hábil y fuerte vuelve a sujetarle las riendas.

(b') el *Arminianismo,* según el cual la regeneración es conjuntamente el producto de la voluntad humana y de la influencia divina a través de la verdad del Evangelio, en mutua cooperación. Algo parecido sostiene el *Molinismo,* o enseñanza tradicional de los jesuitas, aunque la enseñanza más común hoy en la Teología católico-romana es que la cooperación del hombre a la obra de la justificación y de la regeneración "bautismal" es también fruto de la gracia, cuya es la iniciativa. Ambas tendencias pasan por alto la depravación radical de la voluntad humana, centrada en sí misma por el pecado e incapaz de cooperar por sí misma a ningún nivel, a no ser que el nuevo principio de vida cambie la orientación del corazón y haga posible una decisión *santa,* nacida de una voluntad ya liberada por el Espíritu y por la Palabra (Jn. 8:32; 2.ª Cor. 3:17).

D") *La causa agente* (principal) *de la regeneración es el Espíritu Santo.* Respondiendo a la objeción de Nicodemo *"¿Cómo puede un hombre nacer siendo viejo?",* Jesús respondió: *"De cierto, de cierto te digo, que el que no naciere de agua y del Espíritu, no puede entrar en el reino de Dios. Lo que es nacido de la carne, carne es; y lo que es nacido del Espíritu, espíritu es"* (Jn. 3:4-6). Sólo el Espíritu o aliento personal de Dios puede infundir la vida espiritual en nuestro ser. Como una creación de la nada, en que no hay materia prima que condicione al artífice, así el Espíritu *"sopla de donde quiere"* (Jn. 3:8), con la máxima libertad, y entrando por las rendijas más escondidas de nuestro ser, se instala no *sobre* nuestro corazón, sino *dentro* de él, de modo que puede cambiarlo desde dentro y orientarlo hacia la vida eterna, sin ejercer violencia sobre nuestra psicología.

Pero el Espíritu Santo emplea un instrumento psicológicamente adecuado para realizar su obra. Jesús dice: *"el que no naciere de AGUA y del Espíritu"* (Jn. 3:5). ¿Qué significa aquí "agua"? ¿El agua material del bautismo ritual, como enseña la Iglesia de Roma? ¡No! El agua material no puede producir la regeneración espiritual. El agua del bautismo ritual es sólo un *símbolo* de la purificación interior, llevada a cabo por la gracia y por la palabra de Dios, ya que éste es el simbolismo del agua a lo largo de toda la Biblia (V. Is. 12:3; 55:1; Ez. 36:25; Jn. 4:10; 7:38; Ef. 5:26; 1.ª Ped. 1:22-23; 3:20-21; 1.ª Jn. 5:6-8). Estudiando detenidamente todos estos textos, descubrimos que el agua simboliza: (a") la Palabra de Dios, que aplicada al alma, la *purifica;* (b") el don del Espíritu Santo, que sacia la sed espiritual y *santifica* el interior. Ambos aspectos están contenidos en 1.ª Cor. 12:13: "...*bautizados* (fuera, para la justificación)... *beber*" (dentro, para la santificación moral). Strong hace observar [3] que, al usar la Palabra, el Espíritu Santo no ilumina *la verdad divina* (ésta tiene su propia luz y Dios mismo no puede aumentarla), sino *el corazón humano* para que pueda ver (Jn. 3:3), porque no es al *objeto* (la verdad ontológica) al que le falta *evidencia*, sino que es a la *mirilla* humana a la que le falta *limpieza* (V. Mt. 5:8).

CUESTIONARIO:

1. ¿Cuál es la causa agente de la regeneración espiritual, a la luz de Jn. 1:13; 3:5? — 2. ¿Qué sentido tiene el término "agua" en Jn. 3:5? — 3. ¿Qué opinan acerca de la regeneración espiritual el Pelagianismo y el Arminianismo radical?

---

3. **O. c.,** p. 819.

LECCION 13.ª   EL ARREPENTIMIENTO

1. Noción de arrepentimiento

El Nuevo Testamento da gran importancia al arrepentimiento (Mt. 3:2; 4:17; Mc. 1:15; 6:12; Lc. 24:47; Hech. 2:38; 3:19; 17:30; 20:21). Y con razón, pues el arrepentimiento es el cambio voluntario, producido en el interior del pecador, por el cual, reconociendo sus culpas, las aborrece y busca el perdón, la pureza moral y el cambio de conducta. Así que incluye tres eelementos:

A) *Un elemento mental,* por el que cambia nuestro punto de vista acerca de la santidad de Dios y de la maldad del pecado, por ser éste: injuria contra Dios, culpa contra el orden moral, corrupción de nuestro ser y condición miserable, ya que nos incapacita para ver el reino de Dios, someternos a la Ley de Dios y obtener la salvación (V. Sal. 51:3,11). Esta *convicción de pecado* ("epígnosis hamartías", Rom. 3:20) comporta una actitud de humildad.

B) *Un elemento emocional,* por el que cambian nuestros sentimientos hacia el pecado, hasta producirnos un pesar o pena interior de haber ofendido el carácter santo de Dios. 2.ª Cor. 7:9-10 explica el verdadero arrepentimiento, diciendo que es *"un pesar según Dios, para salvación",* distinto del *"pesar según el mundo, que produce muerte".* El término griego preciso para expresar este sentimiento es el verbo *"metamélomai"* que incluye, junto al pesar, la esperanza de perdón y el amor a Dios. Arrepentirse por temor a las consecuencias, al desdoro personal, al castigo, etc. es puro egoísmo o lleva a la desesperación. El remordimiento de Judas, a pesar de una satisfacción penal tan drástica como el suicidio, no tuvo nada que ver con el genuino arrepentimiento, porque le faltó la fe en Cristo, la esperanza de perdón y el amor a Dios.

C) *Un elemento volitivo*, por el que cambian nuestros propósitos y planes de conducta; implica una media vuelta, dando la espalda al pecado. Esto está expresado por el término griego *"metánoia"* y es el elemento más importante, pues incluye y rebasa a los otros dos. El hijo pródigo no llegó al genuino pesar del arrepentimiento cuando se dio cuenta de su miserable situación, ni cuando se acordó del abundante pan de su casa solariega, sino cuando dijo: *"me levantaré e iré a mi padre"*.

2. Causa agente del arrepentimiento

El arrepentimiento, por ser un cambio radical en el interior del hombre, sólo puede ser efectuado por iniciativa del Espíritu Santo, quien lo hace posible mediante la regeneración que produce un principio de nueva vida dentro de nuestro ser. La conciencia nos puede convencer de pecado en cuanto infracción de la ley, pero no puede producir la *"metánoia"*. Dice A.J. Gordon:

> "La conciencia da testimonio de la Ley, pero el Espíritu da testimonio de la gracia. La conciencia produce convicción legal; el Espíritu engendra convicción evangélica. La conciencia produce una convicción para desesperación; el Espíritu una convicción para esperanza. La conciencia convence del pecado cometido, de la justicia imposible, del juicio

ineludible; el Consolador convence del pecado cometido, de la justicia imputada, del juicio cumplido...
en Cristo." [4]

Pero hay una diferencia notable entre la regeneración y
el arrepentimiento: en la 1.ª, sólo Dios obra, y el hombre
permanece *pasivo*, mientras que en el 2.º, Dios cambia y
mueve el corazón, pero el hombre toma parte activa y volun-
taria, como toma parte activa el bebé al *respirar* por vez 1.ª,
aunque ha estado pasivo al *nacer*. O sea, Dios es el que
regenera, pero el hombre es quien se arrepiente.

Para entender bien la noción bíblica de arrepentimiento,
es preciso observar:

A') Que el genuino arrepentimiento comporta siempre la
fe, sin divorcio posible, pues se trata de un sólo fenómeno espiritual (la conversión): salvarse del pecado creyendo en Jesucristo. Como dice J. Murray: "La fe que es para salvación
es una fe arrepentida, y el arrepentimiento que es para vida
eterna es un arrepentimiento creyente." [5] La fe nos convence
de que nuestro arrepentimiento lleva consigo el perdón, la
esperanza de salvación y el amor a Dios. El arrepentimiento
nos convence de que nuestra fe no es una adhesión sentimen-
tal a Dios, sino también un abandonar los caminos del mundo.
La falta de uno de los dos, convierte al otro en una burla o
en una hipocresía.

B') El arrepentimiento, como la fe, no es sólo un *acto*
pasajero (una mera *decisión* tomada en una circunstancia favorable a tal sentimiento), sino una *actitud* que debe perdurar
hasta la muerte. Dice J. Murray: "Así como la fe no es sólo
un acto momentáneo, sino una constante actitud de entrega
y confianza dirigida al Salvador, así también el arrepentimien-

---

4. Citado por A.H. Strong, o. c., p. 833.
5. **Redemption Accomplished and Applied**, p. 113.

to resulta una constante contrición." [6] No puede ser de otra manera, porque el pecado anida todavía en nosotros y necesita ser confesado con pesar (V. 1.ª Jn. 1:8-10) a los pies de nuestro Propiciador. "Es junto a la Cruz de Cristo —sigue Murray— donde el arrepentimiento tiene su comienzo, y es junto a la Cruz de Cristo donde debe continuar derramando su corazón en lágrimas de confesión y de contrición."

3. Principales desviaciones de la noción bíblica de arrepentimiento

A") *En la relación del arrepentimiento con la fe.* Siendo el arrepentimiento y la fe dos aspectos del mismo fenómeno espiritual, yerran lamentablemente los que piensan que basta con creer para salvarse, sin que haya que preocuparse del arrepentimiento. En realidad, el arrepentimiento es el cambio interior que, de la parte humana, corresponde a la regeneración operada por el Espíritu Santo, orientando al pecador en dirección a Dios mientras da la espalda al pecado. Por tanto, el odio al pecado es necesario para amar a Dios y, por eso, Dios exige el arrepentimiento para impartir el perdón. A la objeción de que una persona puede perdonar a otra aunque ésta no se arrepienta, respondemos con Strong[7], que nuestro perdón es una mera disposición bondadosa que no borra el pecado ajeno, porque nosotros no podemos ofrecer la expiación necesaria. Sólo la Cruz de Cristo provee la sustitución necesaria para el perdón. Dios perdona porque, al perdonar, cambia el corazón del pecador para que éste se ponga en la línea de Dios: aborreciendo el pecado como Dios lo aborrece, acusándose a sí mismo como Dios le acusa, y recibiendo el perdón en Cristo como Dios lo ofrece al juzgar el pecado del pecador en su sustituto que es Cristo y vestir al pecador con la justicia de Jesús (2.ª Cor. 5:21).

---

6. O. c., p. 116.
7. O. c., p. 835.

Por el extremo contrario, yerran igualmente quienes exhortan a un arrepentimiento que no incluya la fe. L.S. Chafer hace ver [8] que el Nuevo Testamento nunca exhorta al arrepentimiento independientemente de la fe, a no ser en pasajes en que la palabra *"arrepentíos"* equivale a *"creed"*, siendo de notar la ausencia del término "metánoia" en *Juan* y en *Romanos*. También es digno de consideración Hech. 16:31, comp. con 2:38. Esto tiene gran importancia en el terreno evangelístico. Dice L.S. Chafer:

> "Se puede decir con toda seguridad que pocos errores han causado tanto impedimento a la salvación de los inconversos como la práctica de exigirles una angustia de corazón antes de que pueda ser ejercitada la fe en Cristo. Comoquiera que tales emociones no se pueden provocar a voluntad, el camino de la salvación puede así hacerse imposible para todos los que no experimenten la requerida angustia. Este error comporta otra falsa dirección para los no salvos, en el sentido de que les exhorta a concentrarse en sí mismos en vez de mirar hacia el Salvador. La salvación se hace así depender de sentimientos en vez de la fe. Igualmente, la gente tiende así a medir la validez de su salvación por la intensidad de la angustia que la precede o acompaña. Y es de esta manera como el pesar del corazón viene a ser una forma muy sutil de obra meritoria y, en tal grado, resulta una contradicción de la gracia. Como trasfondo de este indebido énfasis de que las lágrimas y la angustia son necesarias, está el seriamente equivocado concepto de que Dios *no* está propicio, sino que debe ser ablandado para misericordia por el pesar del penitente." [9]

---

8. O. c., III, pp. 372-378.
9. O. c., III, p. 373.

B'') *En la relación del arrepentimiento con la esperanza*.
También en este punto hay dos errores opuestos:

(a) Es cierto que el arrepentimiento da lugar a una
reforma ulterior de la vida, gracias a la operación santificante
del Espíritu Santo, que continúa su obra hasta llegar a la
perfecta "redención" (Flp. 3:10-12), pues *"en esperanza
fuimos salvos"* (Rom. 8:24), pero el arrepentimiento no puede
confundirse con un mero *reformismo* de vida, pues la reforma
de la vida no constituye el arrepentimiento, sino que es
fruto del arrepentimiento; por eso, la Escritura los distingue
(V. Mt. 3:8), ya que el arrepentimiento pertenece a la justificación, mientras que el fruto pertenece a la santificación
(Rom. 6:22).

(b) Otra desviación, tradicional en la Iglesia de Roma,
ha sido la confusión entre *arrepentimiento* y *penitencia*, hasta
traducir el *"metanoéite"* por "haced penitencia", lo cual ha
invertido los términos de una verdadera ascética, enfatizando
la mortificación exterior del cuerpo en vez del genuino arrepentimiento del corazón, con lo que se distrae la atención de
la necesidad del cambio interior, mientras se fomenta la
soberbia espiritual del asceta, que piensa satisfacer con
creces las exigencias de la justicia divina. "Esta clase de
asceticismo —dice A.J. Gordon— [10] es una inversión total
del orden divino, pues busca la vida a través de la muerte, en
vez de buscar la mortificación a través de la vida. No hay
grado de mortificación que pueda llevarnos a la santificación."
Strong recalca también que de cien personas que confiesen
sus pecados ante un sacerdote, escasamente habrá una que
confiese ante la parte ofendida, mientras que Sant. 5:16 ataca
nuestro orgullo en lo más vivo.

C'') *En la relación del arrepentimiento con el amor*. En
este punto, hay igualmente dos extremos:

---

10. Citado por A.H. Strong, o. c., p. 834.

(a') Hay quienes, no entendiendo bien la frase de Agustín "ama y haz lo que quieras", piensan que no es preciso preocuparse del pecado mientras haya amor, como si pudiese existir un verdadero amor a Dios sin el propósito serio de cumplir sus mandamientos (V. Jn. 14:15,21,24; 1.ª Jn. 5:2).

(b') En el otro extremo está la doctrina tradicional (desde fines del siglo XII) de la Iglesia de Roma, según la cual hay dos clases de arrepentimiento: la *contrición,* que es un arrepentimiento basado en el amor, y la *atrición,* que es un arrepentimiento basado en la fealdad del pecado, en el miedo al Infierno o en el deseo del Cielo, sin que el amor entre en la motivación del pesar por el pecado; añaden que esta atrición es suficiente para salvarse, con tal que se reciba la absolución sacramental en el confesionario. Lutero llamaba a esta atrición "la contrición del patibulario".

CUESTIONARIO:

1. ¿A qué llamamos arrepentimiento y qué elementos comporta? — 2. ¿Qué nos enseña 2.ª Cor. 7:9-10? — 3. ¿Qué es lo que hace posible un verdadero arrepentimiento? — 4. ¿En qué se distingue el arrepentimiento de la regeneración? — 5. ¿Qué relación hay entre el arrepentimiento y la fe? — 6. ¿Por qué decimos que el arrepentimiento no es un mero acto, sino una actitud? — 7. ¿Es necesario arrepentirse para ser salvo? — 8. ¿Puede uno arrepentirse sin creer? — 9. ¿Qué errores comporta un evangelismo dirigido a la angustia emocional? — 10. ¿Es lo mismo arrepentimiento que reforma de vida o penitencia? — 11. ¿Qué opina de la llamada "atrición"?

LECCION 14.ª LA FE (I)

Así como el arrepentimiento es la actitud por la cual damos la espalda al pecado, aborreciéndolo y emprendiendo un nuevo estilo de vida, así la fe es un volverse hacia Dios en Cristo, recibiendo el perdón y la salvación que Dios nos ofrece en El.

1. Noción de fe

Podemos definir la fe diciendo que es: la adhesión personal a la persona de Cristo (y, consiguientemente, a su doctrina y a su obra), basada en la convicción de la fidelidad de Dios a sus promesas, e infundida en el corazón por el Espíritu Santo. Textos clave: Mc. 1:15; Jn. 1:12; 3:16; Hech. 16:31; Rom. 4:5; Gál. 2:16; Ef. 2:8; 1.ª Tim. 1:15; 2.ª Tim. 1:12; Heb. 11:1.

Este último texto (descripción de la fe como "seguridad") nos da la clave del sentido que la palabra "fe" tenía para un hebreo, pues el nombre hebreo *"emunáh"* = fe, como el verbo *"amín"* (forma *hifil* del verbo *amán* = estar seguro), que significa "creer", y del que procede la palabra *amén* = *así es* o *así sea,* nos dan a entender que, para un judío, la fe era una *seguridad* o "aspháleia", más bien que una *desvelación* de la verdad o "alétheia". De ahí que Heb. 11:1 emplea para definir la fe el término *"hypóstasis"*, que significa "soporte que sustenta". Por tanto, la fe personal no es otra cosa que la confianza absoluta con que el pecador se adhiere a la fidelidad de Dios a Su promesa de justificar en Cristo al impío creyente (Rom. 4:5).

2. Elementos de la fe

Analizando el concepto de fe, nos percatamos de que comporta:

A) Un factor *volitivo* (el griego lo expresa con la preposición *eis* y acusativo de persona; en latín: "crédere *in* áliquem"), por el que nuestra voluntad se adhiere a Dios en Cristo, en virtud del don soberano de la gracia, porque también la fe es un *don* de Dios (Ef. 2:8). Esto implica *recibir* a Cristo en nuestra vida (Jn. 1:12; 4:14; 5:43; 6:35, etc.) y *entregarse* totalmente a El, sometiéndose a Su palabra, a Su obra, y a Su gobierno [11] (Mt. 11:28; Jn. 6:37; 15:1ss.; Rom. 8:14; Gál. 2:20), porque el Cristianismo es esencialmente *el seguimiento de una persona* (Mt. 10:38), más bien que la adhesión a unos principios doctrinales, aunque esta adhesión es consecuencia obligada de seguir a Cristo como Salvador, Maestro y Legislador. En el lenguaje bíblico, este factor volitivo se expresa diciendo que el asiento de la fe es el *corazón* como centro de la vida interior y fuente de la conducta (Rom. 10:9-10).

B) Un factor *afectivo-emotivo* (el griego y el latín lo expresan por el dativo de la persona a quien se cree: "crédere *alicui*"), en el sentido de "creer a alguien" (Jn. 2:24) por el crédito que nos merece respecto a las manifestaciones que nos hace. El verbo griego *"pistéuo"* = creer, y el correspondiente sustantivo *"pistis"* = fe, indican primordialmente este aspecto, ya que se derivan del verbo *"péitho"* = convencer, persuadir, aconsejar, etc. En este sentido, la fe implica un sentimiento de *devoción amorosa*. Esto supone una nueva disposición de los sentimientos, de los que también es el corazón la sede. Por eso, Dios prometió dar un corazón nuevo

---

11. Recibiendo a Jesucristo, participamos de Su justicia; entregándonos a El, participamos de Su obediencia.

para cumplir Su Ley (Sal. 119:32; Ez. 36:26). La contemplación de la propia miseria y de la misericordia divina son suficientes, mediante la operación del Espíritu, para excitar estas fibras sensibles del corazón. Sin embargo, el despertar fervoroso de las emociones religiosas, si no va acompañado de la decisión fundamental de la voluntad (factor volitivo), puede resultar engañoso y no significar una verdadera conversión (V. Mt. 13:20-21; Jn. 8:31; el dativo indica que el creer del vers. 30, como en Jn. 2:23-24, no era sincero).

C) Un factor *intelectual-objetivo* (el griego y el latín lo expresan por el simple acusativo del objeto creído: "crédere *aliquid*"), por el que prestamos asentimiento a una determinada verdad revelada (V. Jn. 11:26 "¿crees esto?"). El conjunto de enseñanzas reveladas —especialmente, los grandes *hechos* de la Historia de la Salvación—, que forman nuestro "credo" cristiano, comporta una nueva gama de criterios, una escala de valores, en que las cosas se estiman con *"la mente de Cristo"* (1ª Cor. 2:16). El creyente adquiere, con estas enseñanzas, una nueva motivación (hecha eficaz por el poder del Espíritu), y esta motivación infunde energía a las decisiones de cada día, con la vista puesta en las promesas divinas. Esta motivación es necesaria para la normal dinámica de la nueva psicología espiritual (Mt. 19:29). El *"poner la vista en el galardón"* ayuda a sostenerse *"como viendo al Invisible"* (Heb. 11:26-27), entendiendo por galardón, ante todo, el gozo de la presencia beatificante de Jesucristo en Su gloria y en compañía de los santos. El mismo Jesús fue influido por esta motivación alentadora (V. Is. 53:11; Fl. 2:9; Heb. 12:2). Pero un mero asentimiento a las verdades reveladas (como es la "fe" de Hech. 8:13; Heb. 6:4-6; Sant. 2:19), sin la entrega del corazón a Cristo, no tiene nada que ver con la *fe salvífica*, que se nutre del amor (Gál. 5:6).

3. ¿Cómo describe el Nuevo Testamento el concepto de fe?

A') *Como una mirada angustiosa a la Cruz de Cristo.* Es la descripción más expresiva, y fue propuesta por Jesús mismo a Nicodemo: *"Y como Moisés levantó la serpiente en el desierto, así es necesario que el Hijo del Hombre sea levantado, para que todo aquél que en El cree, no se pierda, mas tenga vida eterna"* (Jn. 3:14-15). Con estas palabras, Jesús se comparaba a Sí mismo, puesto en Cruz, con la serpiente de bronce, levantada por Moisés en el desierto. (V. Núm. 21:9ss.). Si nos percatamos de la angustia, y quizás de la desesperación de aquellos desgraciados que habían sido mordidos por las serpientes venenosas, comprenderemos también cómo mirarían a la serpiente de bronce con toda su alma, sabiendo que era el medio necesario, único y suficiente, para salvar su vida. Por tanto, la fe es como una angustiosa mirada al Cristo levantado en la Cruz, como único medio de salvarse de la mordedura mortal del pecado. Aquí están —como dice Berkhof— [12] todos los elementos de la fe: percepción de los hechos, satisfacción emocional y el acto deliberado de fijar los ojos en el objeto.

B') *Como un hambre y sed de Cristo* (Mt. 5:6; Jn. 4:14; 6:35,50-58). Para entender correctamente el "comer" y "beber" a Jesucristo, es preciso analizar Jn. 6:35 *"Yo soy el pan de vida; el que a Mí viene, nunca tendrá hambre; y el que en Mí CREE, no tendrá sed jamás"*. Esta comparación nos explica también lo que es la fe, pues al sentir hambre y sed, nos percatamos de que algo esencial nos falta, sentimos la molestia en el estómago, y nos dirigimos con apetito hacia el alimento que nos va a saciar. Así pasa con el hambre y sed de salvación, y con el comer y beber a Cristo, que satisface para siempre esta hambre y sed.

---

12. **Systematic Theology**, p. 495. Dice una leyenda hindú que un joven deseoso de salvación acudió a Buda. Buda le llevó al río sagrado y le sumergió enteramente. El joven luchaba por desasirse de las manos de Buda, para no morir ahogado. Por fin, Buda le soltó y le preguntó: —¿Qué es lo que más deseabas, cuando tenías la cabeza bajo el agua? —Aire para respirar— contestó el joven. Entonces Buda le replicó: —Cuando desees la salvación con el mismo afán con que deseabas el aire, la tendrás.

C') *Como un venir a Cristo, para entregarse a El y ser recibido en Su amistad y comunión* (Jn. 5:40; 6:44,65; 7:37-38). Esta figura describe la fe como una acción por la que una persona va a Cristo como el único que le puede salvar, con la confianza segura de que no será rechazado. Jn. 6:37 dice así en el original: "*Todo lo que me da el Padre, vendrá a mí, y al que venga a mí, de ninguna manera le echaré fuera*".

D') *Como un recibir a Cristo* (Jn. 1:12). En este texto vemos que "creer en el nombre" de Cristo equivale a "recibirle". Ello indica que la fe es como el instrumento (la mano desnuda del mendigo que recibe la limosna o el tenedor con que tomamos el alimento), con que nos apropiamos a Cristo Salvador, o sea, la salvación que Dios ha provisto para nosotros en la Cruz; con la fe nos vestimos de la justicia de Jesucristo.

E') *Como un ancla donde sujetar la seguridad de la vida eterna, o como un sólido fundamento donde asentar todo el peso de nuestra miseria y de nuestra esperanza.* Heb. 11:1 dice que la fe es "*la sustancia* —o fundamento— *de lo que* ("pragmáton" = realidades prácticas) *esperamos y el argumento convincente de lo que no vemos*". Es, pues, una certeza que ofrece toda seguridad, ya que, aunque no podamos ahora ver las cosas que creemos, su existencia está respaldada por la fidelidad de Dios a Sus promesas. Un misionero trataba de explicarle a un catecúmeno del centro del Africa, en su lengua, lo que era "creer", pues esta palabra no existía en aquella lengua. El negro, cansado del viaje, puso sus piernas encima de la mesa, mientras decía: estoy echando todo mi peso sobre esta mesa. Entonces el misionero recogió la frase "poner todo el peso sobre" para explicarle lo que significa "creer".

4. Clases de fe

En terminos teológicos, podemos destinguir cinco clases de fe, de acuerdo con el Nuevo Testamento:

A") Fe *histórica*, que consiste en aceptar hechos y verdades de la Escritura, como se pueden conocer y aceptar cualesquiera sucesos históricos en que no esté implicada la propia persona. Esta fe puede ser producto de la tradición, de la educación o del estudio. Puede ser correctamente ortodoxa, pero de nada sirve si no está enraizada en el corazón.

B") Fe de *milagros*. Es la firme persuasión de poder realizar milagros por obra del Espíritu, o de recibir los efectos (curación, etc.) de un poder milagroso (Mc. 16:17-18; 1.ª Cor. 12:10). Puede no ir acompañada de la fe salvífica (Mt. 7:22-23; 1.ª Cor. 13:2). Muchos hechos que parecen milagrosos, tienen una explicación natural, por el poder de la sugestión.

C") Fe *temporal* u oportunista. Es cierta persuasión del Evangelio, acompañada de emociones vivas, pero sin verdaderas raíces en el corazón, que sigue sin regenerar (Mt. 13:20-21 y paral.; Jn. 2:23-25; Hech. 8:13).

D") Fe de *conciencia cierta*. Es una seguridad de conciencia de obrar conforme a la verdad del Evangelio. Obrar con conciencia dudosa es pecado (Rom. 14:23).

E") Fe *salvífica*. Es la que hemos explicado en la presente lección.

CUESTIONARIO:

1. Concepto bíblico de fe salvífica. — 2. ¿Cuál es el factor fundamental y decisivo de la fe? — 3. ¿Qué papel tienen los sentimientos en el concepto de fe? — 4. ¿Es necesario asentir a las verdades reveladas? — 5. ¿Qué pasajes bíblicos muestran que el factor intelectual no es el decisivo? — 6. ¿Qué nos enseña Jn. 3:14-15 acerca del concepto bíblico de fe? — 7. ¿Cómo ilustra Jn. 6:35 la función de la fe? — 8. ¿Cuál es el sentido del original en Jn. 6:37? — 9. ¿Qué definición de fe nos ofrece Jn. 1:12? — 10. ¿Qué descripción nos da de la fe Hebreos 11:1? — 11. Distintas acepciones de la palabra "fe" en el Nuevo Testamento.

LECCION 15.ª LA FE (II)

5. Objeto de la fe

Al hablar del objeto de la fe salvífica, es preciso hacer una importante observación, pues hay que distinguir entre un sentido general de *fe* y un sentido especial, que es el que corresponde a la fe salvífica.

A) *Sentido general.* En sentido general, el objeto de la fe es toda la revelación divina, como se contiene en las Sagradas Escrituras. Todo cuanto se contiene formalmente en ellas (en sus propias expresiones o en su sentido equivalente), pertenece al objeto de la fe en sentido general. Por tanto, como evangélicos, no aceptamos como objeto de fe ni una *tradición constitutiva* (que contenga como *verdades de fe* otras que no estén contenidas en la Biblia) ni un Magisterio eclesial infalible que, por medio de un carisma institucional, trate de imponer como objeto de "fe divina y católica" sus propias interpretaciones de la Palabra de Dios. Como dice el obispo católico F. Simons, [13] la infalibilidad es exclusiva de la Palabra de Dios; a la Iglesia corresponde la fidelidad, o sea, la obligación de ser fiel a tal Palabra.

B) *Sentido especial.* La fe general es necesaria, pero no justifica si no conduce a la fe especial. Hay un determinado número de *hechos salvíficos* y, en consecuencia, de doctrinas

---

13. En su libro **Infalibilidad y Evidencia** (Libros del Nopal, 1970).

acerca de Cristo y de Su obra, así como de promesas hechas
en Cristo a los hombres, que cada pecador ha de *recibir,*
hasta conducirle a poner su fe (entrega confiada) en el Salvador. Como dice Berkhof, "el objeto de la fe especial es,
pues, Jesucristo y la promesa de ser salvo a través de El...
Hablando en propiedad, no es el acto de fe como tal, sino
más bien lo que se recibe mediante la fe, lo que justifica y,
por tanto, salva al pecador." [14]

6. La base íntima de la fe

Si en el punto anterior tratamos del objeto *material* de
la fe (lo que hay que creer), ahora investigamos su objeto
formal (por qué creemos). Este objeto puede plantearse de
dos maneras: (a) ¿Qué es lo que hace al objeto de fe digno
de crédito o *creíble*? Respondemos: La veracidad y la fidelidad de Dios en conexión con las promesas hechas en el Evangelio. Como éstas se nos dan a conocer en las Sagradas Escrituras, por eso decimos que la Biblia es la norma suprema
de nuestra fe, aunque en realidad la Biblia es el documento
que atestigua la revelación de las promesas divinas y de la
fidelidad de Dios a ellas: (b) Hay muchos que conocen bien
la Biblia y admiten la veracidad de Dios y Su fidelidad a Sus
promesas, pero no poseen la fe salvífica; en otras palabras,
conocen el objeto de la fe como *creíble,* pero no *creen* como
es necesario para salvarse. ¿Qué es, pues, lo que hace
que el objeto de la fe se imponga como algo que *debe ser
creído*? Respondemos: el testimonio interno del Espíritu Santo
en nuestro corazón, junto con el poder del mismo Espíritu, o
sea, la gracia como *don* que potencia a la voluntad humana y
la induce a creer (V. Rom. 4:20,21; 8:16; Ef. 1:13; 1.ª Jn.
4:13, 5:7,10, por una parte; por otra, Jn. 6:44; Ef. 2:8).

---

14. **Systematic Theology,** p. 506.

7. Historia y desviaciones del concepto de fe

La Iglesia primitiva trató de vivir el concepto de fe, como la condición primordial para salvarse —junto con el arrepentimiento—, más bien que de estudiar tal concepto o de relacionarlo con las distintas fases de la salvación. Poco a poco, fue pasando a primer término la fe como aceptación de la verdad revelada en virtud del testimonio, pasando a segundo término la fe como recepción de los hechos salvíficos y entrega personal al Salvador. El ambiente hostil y corrompido del medio ambiente estimuló a los escritores eclesiásticos de la época post-apostólica en su afán moralizador y defensivo (apologético), lo cual favorecía la transposición ya aludida de los matices de la fe.

En el siglo III.º, la brillante escuela alejandrina, contrastando la fe como conocimiento *inicial,* con un conocimiento más perfecto del misterio cristiano (la "pístis" frente a la "gnósis"), tendió a una intelectualización de la fe, entramando los conceptos bíblicos en la contextura neo-platónica de Filón y de Plotino.

En los siglos IV.º y V.º, Agustín de Hipona vuelve a dar a la entrega amorosa el lugar que le correspondía en el concepto de fe, pero falla al estudiar la relación de la fe con la justificación, por confundir la justificación con la santificación, así como por admitir la regeneración *bautismal,* ya insinuada por Tertuliano. La mayor parte de la Iglesia oficial se apartó de Agustín en el concepto mismo de fe, tendiendo a confundir cada vez más la fe con la ortodoxia.

Así llegamos a la Edad Media en que toma carta de naturaleza la distinción escolástica entre fe *informe* (sin amor ni gracia "santificante"), suficiente para pertenecer al cuerpo social de la Iglesia, y que consiste en el mero asentimiento intelectual a las verdades enseñadas por la Iglesia, y fe *formada* (informada por la "cáritas"), siendo esta fe la que justifica, al ser infundida con la gracia "santificante".

Tomás de Aquino definió la fe habitual como "una virtud intelectual por la que nuestra mente es inducida a asentir a

las cosas que no se ven". El Concilio de Trento afirmó que el
acto de fe es el primer paso de un proceso que desemboca
en la justificación. Consecuente con la noción tomista, definió
como dogma que la fe sola no justifica, y que un creyente
puede perder la fe, así como la justificación.

Los Reformadores restablecieron el concepto bíblico de fe
y de justificación por la fe sola, aunque no estuviesen de
acuerdo en algunos pequeños matices. Después de la Reforma, los Arminianos fueron más lejos aún que el Concilio de
Trento, al concebir la fe como obra meritoria del hombre, en
virtud de la cual el hombre es objeto del favor divino. La
moderna Teología católico-romana está volviendo al concepto
bíblico de fe, aunque mezclándolo excesivamente con elementos existencialistas. [15]

CUESTIONARIO:

*1. ¿Cuál es el objeto de la fe en sus aspectos general y espe-
cial? — 2. ¿Qué es lo que hace creíble el objeto de la fe?
— 3. ¿Qué es, en realidad, lo que induce a una persona a
creer? — 4. Desviaciones del concepto bíblico de fe, a lo largo de la Historia de la Iglesia.*

---

15. V. mi libro **Catolicismo Romano**, p. 156.

LECCION 16.ª   FE Y OBRAS

1. La fe no es obra

La fe mediante la cual somos salvos (Ef. 2:8) es un acto puramente *receptivo* de la salvación, como la mano desnuda del mendigo que pide una limosna, o como el tenedor prensor del alimento, o sea, es el *instrumento subjetivo* con que recibimos la justificación; y aun esto, en virtud del don con que Dios nos capacita para creer. Como dice Strong, "no es el acto de un alma llena que *da* algo, sino el acto de un alma vacía que *recibe* algo" [16] (V. Rom. 3:28; 4:4,5,16). A la pregunta de los judíos: "*¿Qué debemos HACER...*", Jesús responde: "*Esta es la obra de Dios, que CREAIS...*" (Jn. 6:28-29). La fe es llamada aquí "obra" en doble sentido: porque es el acto que Dios requiere, y porque es el acto que El capacita para hacer. Siendo la salvación *de pura gracia*, la fe no puede ser *obra* en virtud de la cual el hombre pueda reclamar derecho a la salvación. Aunque la fe debe ir acompañada del arrepentimiento y del amor para mostrar que es verdadera fe salvífica, o sea, fe *viva* (de ahí la famosa máxima de la Reforma: "Sólo la fe justifica, pero no justifica la fe que está sola"), sin embargo el amor y el arrepentimiento no impulsan a la fe a recibir la justificación, sino que es la regeneración espiritual, como cambio introducido por Dios en el corazón, la que provoca una tendencia subconsciente hacia

---

16. O. c., p. 847.

Dios, la cual culmina en la fe, siendo en realidad el arrepentimiento y el amor consciente *productos* lógicos de la fe, hasta desembocar en un espíritu de obediencia ("*para obediencia de la fe*" Rom. 1:5).

2. La fe fructifica en obras

"*La fe es hecha operativa mediante el amor*" dice el original de Gál. 5:6. No es extraño que el fruto de nuestra santificación (Rom. 6:22) sea el complejo de virtudes en racimo, que caracterizan una conducta cristiana, por obra del Espíritu Santo, Amor personal de Dios (V. Gál. 5:22-23, donde el primer *fruto* es *amor*), que ha difundido el amor de Dios en nuestros corazones (Rom. 5:5). De la misma manera que un árbol vive de la savia que chupa del suelo mediante las raíces, y manifiesta su vitalidad y su condición sana en los buenos frutos que produce, así también nuestro espíritu chupa de Cristo la savia de justicia y de vida eterna mediante la raíz de la fe, y da fruto de buenas obras como manifestación y consecuencia lógica de la vida que posee. El árbol no vive por medio de los frutos, sino por medio de las raíces; así tampoco son las buenas obras las que nos salvan, sino que somos salvos mediante la fe, debiendo producir obras buenas como prueba exterior de la fe que tenemos. Como dice Pablo en Efesios 2:8,10 "*Por gracia sois salvos mediante la fe; no POR obras..., creados en Cristo Jesús PARA buenas obras...*". No somos salvos *por* obras, sino *para* obras.

En Habac. 2:4; Rom. 1:17; Gál. 3:11; Heb. 10:38, encontramos que "*el justo vive de la fe*". La expresión significa en realidad que "*el que es justo por la fe, vivirá*", puesto que la fe verdadera (lo mismo que el arrepentimiento) es una *actitud* permanente que, como el ancla constantemente sujeta, nos consigue la salvación final tras el primer instante de nuestra también perenne justificación (V. Col. 2:6-7: *por fe* se recibe y *por fe* se anda).

Santiago dice que *"el hombre es justificado por las obras, y no solamente por la fe"* (2:24) y que *"la fe, si no tiene obras, es muerta en sí misma"* (2:17). Algunos exegetas superficiales pensaron equivocadamente que Santiago enseñaba una doctrina opuesta a la de Pablo, y el mismo Lutero incurrió al principio en esta equivocación, hasta tener por apócrifa la epístola de Santiago. Sin embargo, un estudio atento del contexto nos aclara que no hay tal oposición, sino que Pablo y Santiago consideran el binomio "fe-obras" desde un ángulo totalmente distinto: Pablo se refiere a las obras de la Ley como incapaces de justificarnos ante Dios, mientras que Santiago se refiere a las buenas obras del cristiano, como manifestación, ante los hombres, de una verdadera fe. Por eso, en 2:14, Santiago apela a la fe *viva*, que se manifiesta en buenas obras, como necesaria para la justificación, al preguntar: *"¿De qué aprovecha si alguno dice que tiene fe, y no tiene obras?"*. Adviértase que Santiago no se refiere al que *tiene* fe, sino al que *dice* que tiene fe, puesto que si tiene fe de veras, llevará necesariamente fruto de buenas obras.

3. La fe es susceptible de aumento y progreso

Lucas 17:5 supone este aumento. La oposición o contraste entre *"varón perfecto"* y *"niños"* en Ef. 4:13-14 y otros lugares, nos evidencia esta posibilidad, la cual se explica por las siguientes razones:

A) En cuanto acto humano, la fe tiene un elemento intelectual, otro emocional y otro volitivo que son psíquicamente capaces de aumento.

B) En cuanto obra de Dios en nuestros corazones, podemos recibir, bajo la operación del Espíritu Santo, nuevos incrementos de conocimiento, sensibilización y energía volitiva.

C) La fe es un recibir a Cristo, un posesionarse de Cristo, un arraigarse en El. Así como las raíces de los árboles crecen hundiéndose en la tierra, así también la raíz de nuestra fe crece *hacia dentro* posesionándose más y más de Jesucristo. Esto es lo que Pablo quiso expresar en Col. 2:6-7, al decir que, de la misma manera que hemos recibido al Señor Jesucristo (por la fe), así hemos de crecer en El, cada vez más *"arraigados y sobreedificados en El, y confirmados en la fe".* Y en Filipenses 3:10ss., nos dice igualmente cómo él marchaba, como un atleta hacia la meta, posesionándose cada vez más de Jesús: *"...prosigo, por ver si logro asir aquello para lo cual fui también asido por Cristo Jesús"* (vers. 12). [17]

CUESTIONARIO:

1. ¿Por qué no es obra *la fe? —* 2. ¿En qué sentido se la llama "obra" en Jn. 6:29? — 3. Si se requiere el amor y el arrepentimiento, ¿cómo decimos que la fe sola justifica? — 4. ¿Qué relación hay entre la fe y las obras? — 5. ¿Es la fe un acto o una actitud? — 6. ¿Cómo se explica la aparente contradicción entre Pablo y Santiago? — 7. ¿Puede la fe aumentar? — 8. ¿Qué nos enseñan Col. 2:6-7 y Flp. 3:10ss. a este respecto?

---

17. Analizaremos este texto cuando hablemos, en la 6.ª Parte, de la santificación.

Quinta parte

La justificación
del impío

LECCION 17.ª CONCEPTO DE JUSTIFICACION

1. Noción de justificación

Strong define así la justificación: "Es el acto judicial de Dios, por el que, en virtud de la obra de Cristo, al que el pecador está unido por fe, Dios declara que el pecador ya no está expuesto a la pena que la Ley sanciona, sino que lo restaura a su favor y amistad." [1] Por tanto, la justificación consiste en *declarar justo* al pecador, *imputándole* Dios la justicia de Cristo.

El concepto de justificación depende del concepto de pecado y de condenación. Recordemos que el pecado es un *acto* contra Dios, del que se sigue un *estado* de enemistad con Dios; finalmente, el pecado constituye un *poder* interior o *disposición* que inclina constantemente al mal. Por tanto, si nadie puede presentarse como justo ante el Dios infinitamente santo, mucho menos el que, por sus pecados, está *contra* Dios. ¿Qué es lo que hace Dios para *justificar* al pecador que está contra El y que nada puede hacer para salir de tal estado?

Tengamos en cuenta que el pecado, como *acto,* es un hecho irreversible; con toda reverencia podemos decir que ni la omnipotencia de Dios puede borrarlo de nuestro pasado, según el proverbio filosófico "lo hecho no puede ser no-

---

1. **Systematic Theology**, p. 849.

hecho". Por tanto, respecto de este acto del pecado, Dios tiene sólo una alternativa: o *exigir su castigo* por toda la eternidad, pesando siempre sobre el pecador la cólera de Dios (Rom. 1:18), lo cual significa la *condenación* eterna, sancionada por la Ley, o *no tenerlo en cuenta —pasarlo por alto—* (Rom. 3:25; 2.ª Cor. 5:19), descargando al pecador de su culpabilidad, y cargando la culpabilidad (en orden a la expiación de la pena) sobre otra persona que se haya hecho solidaria del pecador, ofreciéndose a sustituirlo (Is. 53:6; 2.ª Cor. 5:21). Esta es la noción que explanaremos con más detalle en la lección siguiente.

2. Terminología bíblica

El Antiguo Testamento nos ofrece los vocablos *"tsadeq"* = ser justo; *"tsideq"* = hacer justo, declarar inocente; *"hitsdiq"* = declarar justo, absolver; *"tsedeq"* = justicia; *"tsadoq"* = justo. La raíz *"tsdq"* implica siempre que existe una declaración judicial de que la posición de una persona está en armonía con las demandas de la Ley (V. Ex. 23:7; Deut. 25:1; Is. 5:23; Prov. 17:15).

En el Nuevo Testamento encontramos los vocablos *"dikaió"* = justificar; *"dikáioma"* y *"dikáiosis"* = justificación. Estos términos griegos comportan el mismo sentido legal o judicial que los vocablos hebreos antes citados. Con ellos está relacionado el vocablo griego *"dikaiosyne"* = justicia. La diferencia entre "dikáioma" y "dikáiosis" está en que el 1.º indica el proceso en marcha de declarar a alguien justo, mientras que el 2.º indica el acto de declarar a alguien justo, cuando el proceso está ya terminado (V. Mt. 12:37; Lc. 1:6; 7:29; 10:29; 16:15; 18:13-14; Rom. 4:6,8,25; 5:16,18,19; 6:7; 8:10 a la luz de 8:33-34; 1.ª Cor. 1:30; 2.ª Cor. 5:19, 21; 1.ª Tim. 3:16; Heb. 9:1; etc.).

La noción bíblica de *justificación* comporta un proceso o juicio (*"kríma"*, en el griego del N.T.), y su sentencia es la opuesta a *condenación* (V. Rom. 8:33-34). Prov. 17:15,

entre otros pasajes, muestra evidentemente que no se trata
de "*hacer* justo a uno". Por otra parte, Rom. 5:19 nos enseña que la justificación no es una mera *declaración* sobre
el papel, sino una *constitución*, es decir, una *firme posición*
de justicia ante Dios ("katastathésontai" = serán establecidos, no "poiethésontai" = serán hechos) [2].

3. Elementos de la justificación

A) *Un perdón del pasado*. Al contemplarnos revestidos
de la justicia de Cristo, mediante la fe, Dios pierde de vista
y no tiene en cuenta nuestros pecados, hasta quedar ante Él
blancos como la lana blanca, pues Dios ha echado a su espalda nuestros pecados (¿puede alguien saber dónde está la espalda de Dios?) [3], los ha sepultado en el océano de Su misericordia (océano sin fondo) y ya no se acuerda de ellos (Dios,
que no tiene memoria, porque lo tiene todo presente, *olvida*
nuestros pecados, como si no los hubiésemos cometido; cuando a nosotros, que desaparecemos con el tiempo, nos cuesta
tanto el olvidar las ofensas que se nos hacen, incluso cuando
decimos que perdonamos). Véanse Is. 1:18; 43:25; 44:22;
Jer. 31:34; Rom. 3:25; 4:5-8; 5:18-21; 2.ª Cor. 5:19;
Gál. 2:17; Heb. 10:14; etc. Este perdón misericordioso de
Dios está siempre a disposición del pecador justificado, cuan-
tas veces caiga en pecado y lo confiese arrepentido ante Dios,
el único que lo puede *perdonar*.

B) *Una aceptación en el presente*. A los creyentes nos
justifica Dios, *aceptándonos a Su favor* en el Amado (Ef. 1:6).
Al aceptarnos como *justos*, Dios no declara que seamos *santos* en nuestro interior, sino que, expiados nuestros pecados
por Jesucristo, entramos en una nueva relación con Dios. En

---

2. Así no es exacta la traducción que hace la **Authorised Ver-
sion** inglesa: "shall be made righteous."
3. Comparando Ex. 33:23 con Jn. 14:9, pueden deducirse pro-
fundísimas consecuencias teológicas: Dios echa nuestros pecados
sobre Su Hijo (2.ª Cor. 5:21).

efecto, la justificación no debe confundirse con la santificación, pues ésta supone un *cambio en la condición interior*
(moral y espiritual) del pecador, mientras que la justificación es un *cambio en la posición legal* del pecador frente a la
justicia de Dios.

C)   *Una posición firme frente al futuro.* La justificación
no se reduce al perdón de los pecados, ni a una declaración
pasajera de aceptación favorable, sino que es una *posición
estable:* un estado que no cambiará jamás, ya que la justificación no se basa en una expiación personal del pasado, ni en la
firmeza de nuestra voluntad para perseverar en el futuro, sino
en la *imputación de la justicia de Cristo,* hecha de una vez por
todas, como lo fue la imputación de nuestros pecados sobre
Cristo en la Cruz (V. 6:10; 2.ª Cor. 5:21; Heb. 10:12),
y en la *fidelidad de Dios a Sus promesas,* pues no puede arrepentirse de Sus dones (Rom. 11:29).

CUESTIONARIO:

*1. ¿Qué es justificación? — 2. ¿Cómo depende el concepto de
justificación del concepto de pecado? — 3. ¿Qué comportan
los términos bíblicos "tsadeq" (hebreo) y "dikaió" (griego)?
— 4. ¿Es la justificación una mera declaración? ¿Qué nos
dice Rom. 5:19 a este respecto? — 5. ¿Qué expresiones usa
la Biblia para referirse al perdón de los pecados? — 6. ¿Es
lo mismo justificación que santificación? — 7. ¿Por qué es
la justificación una posición estable?*

LECCION 18.ª
NATURALEZA DE LA JUSTIFICACION

Hemos dicho en la lección anterior que, cuando Dios justifica al pecador, no cambia su condición interior, sino que lo declara justo en Su presencia. En otras palabras, la justificación no comporta un cambio de impiedad a santidad, sino un cambio en la posición legal del pecador ante Dios. Por eso, se suele llamar a la justificación una declaración *forense*, porque es similar a la que se pronuncia en el "forum" o tribunal de justicia. [4]

Pero el contraste de la justificación forense humana con la divina es muy notable: La justicia humana sólo puede declarar justo a un inocente. Por eso, leemos en Deut. 25:1: *"Si hubiere pleito entre algunos, y acudieren al tribunal para que los jueces los juzguen, éstos absolverán al justo, y condenarán al culpable."* Y, en consecuencia con esto, leemos en Prov. 17:15: *"El que justifica al impío, y el que condena al justo, ambos son igualmente abominación a Jehová."* La razón es obvia, porque todo juez justo, al hacer un justo juicio, ha de declarar justo al que lo es, e injusto al que lo es. Esto indica claramente que *justificar* significa *declarar justo*, porque si pudiese significar *hacer justo*, o sea, convertir en justo al injusto, eso no sería abominación a Jehová.

---

4. Seguimos en esta lección la línea de pensamiento de J. Murray, o. c., pp. 117-131. V. también L. Berkhof, **Systematic Theology**, pp. 510-525.

A la misma conclusión se llega examinando Rom. 8:33-34: "*¿Quién acusará a los escogidos de Dios? Dios es el que justifica. ¿Quién es el que condenará?*" El contraste entre condenación y justificación muestra aquí, como en Deut. 25:1; Prov. 17:15; etc., que se trata de *declarar justo* y, por tanto, de ser descargado de la acusación que sobre él pesaba ante los tribunales. No se trata de cambiar la condición interior del pecador, lo cual es propio de la regeneración y de la santificación. Cuando Dios justifica, hace de juez, declarando justo al impío; cuando Dios santifica, hace de cirujano, extirpando el cáncer del pecado.

Pero, ¿cómo puede Dios declarar justo al impío? Volvamos a Prov. 17:15: "*El que justifica al impío, y el que condena al justo, ambos son abominación a Jehová.*" Comparemos el comienzo de este versículo con Rom. 4:5: "*al que no obra, sino cree en EL QUE JUSTIFICA AL IMPIO, su fe le es contada por justicia*". ¿Cómo puede ser un mismo acto "abominación" en Prov. 17:15, y un acto del Dios infinitamente santo en Rom. 4:5? ¿Cómo puede Dios en este acto "*manifestar su justicia, a fin de que El sea el justo, y el que justifica al que es de la fe de Jesús*" (Rom. 3:26)?

Sólo cabe una respuesta: En la justificación divina hay un cambio de situación, porque aquí entra *un nuevo factor* que no puede hallarse en la justificación forense humana: al justificar al pecador, Dios declara justo al impío, pero no falta con ello a la norma de Prov. 17:15, porque Dios es el único que puede *constituir* justo al que *declara* justo (Rom. 5:19); en otras palabras, Dios pone al pecador creyente en una nueva posición legal ante El, otorgándole "*el don de la justicia*" (Rom. 5:17).

Pero, ¿cómo puede dar Dios libremente "el don de la justicia" faltando a la justicia? Aquí entra de lleno el misterio de nuestra redención. La justicia de Dios da un fallo justo, descargando su castigo sobre el pecador y su perdón sobre el creyente, porque se ha realizado una *sustitución:* Jesucristo "*fue herido por nuestras rebeliones, molido por nuestros pe-*

cados; el castigo de nuestra paz fue sobre él, y por su llaga fuimos nosotros curados... Jehová cargó en él el pecado de todos nosotros" (Is. 53:5,6, comp. con 2.ª Cor. 5:21). Por eso dice Pablo que *"por la justicia de uno, vino a todos los hombres la justificación de vida...; por la obediencia de uno, los muchos serán constituidos justos"* (Rom. 5:18,19).

Por tanto, la justificación del impío es un acto *constitutivo*, por el que la justicia de Cristo (que llenó todos los requisitos de la Ley, al cumplirla exactamente, y al sufrir sobre Sí la maldición que la Ley impone a los transgresores) nos es imputada en virtud de la sustitución (pactada en el seno de la Trinidad) por la cual el Jesucristo *justo* (1.ª Jn. 2:1) tomó sobre sus espaldas nuestros pecados, para que nosotros fuésemos gratuitamente revestidos de Su justicia (V. Is. 45:24,25; 56:17; Rom. 8:33). Así pues, la justificación tiene un aspecto *negativo:* Dios descarga de culpabilidad al impío, cosa que sólo Dios puede hacer en su infinito amor, ya que Dios es el directamente injuriado por el pecado; y asimismo un aspecto *positivo:* Dios, en aras de Su infinita justicia, después de cargar sobre Jesucristo la expiación del pecado (el cual no puede quedar sin sanción) imputa al pecador la justicia de Cristo, quien ha padecido *en lugar del pecador,* como si éste hubiese satisfecho él mismo la pena. Y así, lo que ha sido *justicia* exigida a Cristo, se convierte en *gracia* para el pecador, quien no ha hecho nada digno de ella, sino que se ha limitado a recibirla como un puro regalo *por fe* (V. Hech. 13:39; 16:31; Rom. 3:20ss.; 4:2ss.; 5:1ss.; 8:1,33-34; 10:3-4; 1.ª Cor. 6:11; Gál. 2:16-17; 3:8-11; 5:4; Ef. 2:8-10; Flp. 3:9).

Basándose nuestra justificación en la perfectísima justicia de Cristo, se comprende que el perdón de nuestros pecados sea total, que nuestra justificación sea irreversible, que todo intento de añadir algo "obras, méritos, sacrificios, etc.) a la obra de Cristo, perfecta de una vez para siempre (Heb. 10: 12-14), sea un insulto a la gracia de Dios y a la justicia de Cristo; que todo lo tenemos de gracia; que somos justificados *con* Cristo, *en* Cristo y *a través de* Cristo. En fin, la justifificación es un acto de la *justicia* de Dios, que puede *declararnos* justos (siendo impíos interiormente) por habernos *constituido* justos en virtud *de la justicia de Cristo*, que es nuestra mediante la fe en Su sangre, por obra de una admirable sustitución ("*mirábile commercium*", como dice un antiguo documento litúrgico).

CUESTIONARIO:

1. ¿Por qué se llama a la justificación un acto forense? — 2. ¿Puede un justo juez declarar justo a un impío? — 3. Pues, ¿cómo puede hacerlo Dios? — 4. ¿Cuál es la base sobre la cual se asienta el acto por el que Dios constituye justo al pecador creyente? — 5. ¿Qué verdades quedan iluminadas por el hecho de que somos justificados en virtud de la perfectísima justicia de Jesucristo?

LECCION 19.ª
CONEXIONES DE LA JUSTIFICACION

1. Relación de la justificación con la santificación

Al constituirnos justos con la justicia de Cristo, la justificación entraña no sólo el perdón de los pecados, sino también la restauración del favor y de la amistad de Dios. En esto se distingue también la justificación forense humana, la cual puede descargar de culpabilidad a una persona, pero no ofrece ningún premio al supuesto delincuente. Lo mismo suele suceder con el perdón humano. En cambio, el hijo pródigo encuentra, no sólo el perdón, sino también el corazón amoroso y la acogedora casa de su padre.

Pero la restauración al favor y a la casa del Padre supone algo más que un vestido nuevo y un banquete de recepción. Los hijos de Dios deben comportarse como tales, llevando en su conducta los rasgos de familia (V. 2.ª Ped. 1:4ss.; 1.ª Jn. 3:1-3). Esto no lo hace la justificación por sí misma, pues la justicia propia de Cristo no nos es *infundida,* sino *imputada.* Sin embargo, Dios sólo justifica a los que, por fe, *están en Cristo,* y esto comporta la unión con Jesucristo, como miembros de la Cabeza, pámpanos de la Vid, y piedras vivas del Templo de Dios, así como la operación del Espíritu Santo en nuestros corazones, primero por la regeneración, y después por la santificación progresiva. Con ello, la justificación no se detiene en el aspecto legal de declararnos libres de culpa, sino que implica la regeneración interior y abre el camino a la santificación moral, aunque los tres conceptos son distintos.

2. Relación de la justificación con la fe

Ef. 2:8 expone con toda precisión la doctrina de la justificación, al decir que somos salvos *"de gracia, mediante la fe"*; en otras palabras, la salvación (aquí, sinónimo de justificación) es un favor de Dios, que hacemos nuestro por medio de la fe. Una vez más insistimos: no nos salva la fe, sino la gracia de Dios por medio de la fe, de la misma manera que no es la cuchara la que nos alimenta, sino la comida que tomamos con la cuchara.

Así pues, la fe es como una cuchara vacía o una mano tendida hacia Dios, para recibir el don de su gracia y el alimento de su salvación. La fe es, por tanto, un acto humano (Dios da el don de la fe, pero no es Dios, sino el hombre, quien *cree*.) Por ser semejante a una mano vacía, la fe es un *acto*, pero no es una *obra* por la que nuestro esfuerzo o nuestro mérito ponga algo en la tarea de la salvación. De ahí que el Nuevo Testamento establece la misma contraposición entre gracia y obras que entre fe y obras (V. Rom. 1:17; 3:22,28; 4:16; Gál. 5:4). En términos técnicos, diríamos que la fe es la causa instrumental subjetiva de la justificación, no en el sentido de que la fe *produzca la justificación*, sino en el sentido de que, por la fe, nos apropiamos la justicia de Cristo.

3. Fundamento de la justificación por la fe

Esto nos lleva de la mano a indagar sobre los fundamentos de la justificación por la fe. Aunque se trata de misterios, la Palabra de Dios nos presta suficientes elementos de juicio en esta materia:

A) En cuanto a la justificación, diremos que (a) negativamente, no puede fundarse en ningún mérito u obra del hombre, pues la justicia propia siempre es imperfecta, sino que es producto de un puro favor de Dios; (b) positivamente, el fundamento de la justificación es la perfecta justicia de Cristo, que es *imputada* al creyente arrepentido en el momento de la justificación.

B)   En cuanto a la fe, su fundamento está en que es el único acto por el que el hombre *no obra*, es decir, no pone nada suyo en orden a la salvación, sino que se limita a *recibir*, poniendo toda su confianza, toda su esperanza y todas sus exigencias, no en algo suyo, sino en la justicia y en los méritos de Cristo y en el poder de Su Espíritu. Es cierto que, para ser salvífica (viva), la fe tiene que ir acompañada del amor y del arrepentimiento, pero no son el amor y el arrepentimiento (pues son *obras*) lo que nos justifica, sino la fe, como órgano de apropiación del puro favor divino.

¿Tiene la fe la misma fuerza en todos los creyentes? La fe no se mide por la cantidad, sino por la calidad. Cuando el Señor decía: "*Hombres de poca fe*" se refería a la calidad, pues El dijo también: "*Si tuviereis fe como un grano de mostaza...*". Un gramo de oro es tan oro como un kilo del mismo metal. Lo mismo pasa con el alimento: una cucharilla, llevada a la boca de la mano de un niño, puede alimentar lo mismo que una cuchara llevada de la mano robusta de un adulto, porque no es la fuerza del brazo, ni el tamaño de la cuchara, sino la calidad y cantidad de la comida, lo que alimenta. Como dice A.H. Strong: "La fe débil justifica tan perfectamente como la fe fuerte, aunque no da una seguridad tan fuerte de salvación." [5]

4.   Objeciones contra la justificación por la fe

Todas las objeciones contra esta verdad suelen resumirse en la siguiente: La salvación por fe, sin obras, conduce al libertinaje y a la corrupción moral. Respondemos: Es cierto que la fe sola justifica; pero no justifica la fe que está sola,

---

5.   O. c., p. 865.

ya que la fe se hace operante por el amor (Gál. 5:6) y manifiesta su vitalidad dando *fruto* de buenas obras (Gál. 5:22; Ef. 2:10); de modo que una fe que no manifieste su vitalidad por medio de obras buenas, demuestra que está muerta en sí misma (Sant. 2:17-20). No olvidemos que el justificado es regenerado por el Espíritu y conducido por El a una santificación progresiva. La salvación no sólo comporta la gracia que perdona la *culpa* del pecado, sino también la fuerza que libera del *poder* del pecado. Es muy digna de reflexión la seria advertencia de Gardiner Spring: "Es cierto que el que ha sido alguna vez cristiano, siempre es cristiano; pero también es cierto que *quien no es cristiano ahora, nunca fue cristiano.*" [6]

CUESTIONARIO:

1. ¿Qué añade la justificación a un mero perdón? — 2. Cuál es la relación entre la justificación y la santificación? — 3. ¿Qué significa el ser justificados "mediante la fe"? — 4. ¿En qué se funda la justificación del impío? — 5. ¿Por qué es la fe el único acto humano que no es obra? — 6. ¿Justifica la fe débil lo mismo que la fuerte? — 7. ¿Induce esta doctrina a la corrupción moral?

6.　En **Los rasgos distintivos del verdadero cristiano**, p. 81. El subrayado es suyo.

LECCION 20.ª LA ADOPCION FILIAL

1. Noción de adopción

La adopción divina es un acto del favor de Dios, por el cual un cristiano, es decir, un creyente justificado, habiendo nacido de nuevo por el Espíritu, al ser engendrado de Dios, es colocado en la gloriosa posición de hijo y hecho heredero de las promesas celestiales.

2. Relación de la adopción con la regeneración

Al nacer de nuevo por el Espíritu (Jn. 3:3ss.), una persona es engendrada por Dios (Jn. 1:13), recibiendo así una participación de la naturaleza divina (2.ª Ped. 1:4). Todo esto sucede en el orden moral-espiritual, como puede verse por el contexto de 2.ª Ped. 1:4, no en el orden físico-óntico, ya que sólo las tres personas divinas pueden poseer la naturaleza divina en sentido óntico y propio.

Al haber nacido de Dios, el creyente entra a formar parte de la familia divina y, por tanto, queda *adoptado* como hijo (pues por naturaleza no lo era) y adquiere derecho a la herencia divina; una herencia gloriosa, digna de las riquezas y magnificencia de Dios, y tanto más preciosa cuanto que no es menester que el Padre muera (no puede morir), para que los hijos entren a tomar posesión de la herencia.

El griego del Nuevo Testamento usa dos palabras diferentes para designar esta filiación de los creyentes: *"téknon"* y "*hyiós*". Los dos significan "hijo" en castellano, pero en griego existe entre ambas palabras la misma diferencia que hay en inglés entre "child" y "son"; el primer término proviene del verbo "tíkto" = dar a luz; en este sentido, el creyente es hecho "hijo" al ser *nacido de Dios* (V. Jn. 1:12-13); el segundo término no implica un cambio de *naturaleza* como el primero, sino un cambio de *posición:* adquirir la "*hyiothesía*" o "adopción", pues "hyiothesía" significa "posición de hijos", que es como una mayoría de edad, una puesta de largo (la *toga virilis* de los romanos) y, por tanto, una posición de *libertad,* como compete a los que son movidos por el Espíritu (comp. Jn. 3:3-8 con Rom. 8:14-15, y Jn. 8:32-36 con 2.ª Cor. 3:17) y que no están ya bajo la tutoría de un ayo.

Así como somos engendrados en el Hijo, hechos conformes a la imagen del Primogénito (Rom. 8:29), así también somos adoptados en El y hechos con El coherederos del Cielo (Rom. 8:17).

Todo esto implica que Dios Padre, el Dios y Padre de Nuestro Señor Jesucristo (Rom. 15:6; 2.ª Cor. 1:3; 11:31; Ef. 1:3; 1.ª Ped. 1:3), es también nuestro *Padre.* Sólo en un sentido muy amplio, y peligrosamente ambiguo, puede decirse que Dios es "Padre" de toda la humanidad. El hombre es, por naturaleza, "*hijo de ira*" (Ef. 2:3), esclavo del pecado, creatura de Dios, pero no hijo. Sólo los *nacidos de nuevo* son hijos de Dios; sólo ellos tienen a Dios por Padre. Siempre que en el Nuevo Testamento se llama "Padre" a Dios, esta palabra hace referencia a Jesucristo o a los creyentes. Lo mismo sucede con la palabra "hermanos": sólo se aplica (en el orden espiritual) a los creyentes, quienes, por ser hijos de Dios, son verdaderos hermanos entre sí.

3. Relación de la adopción con la justificación

La adopción es una consecuencia de la justificación. De la misma manera que la justificación, también la adopción es un acto judicial, por el cual un creyente ya no es considerado como un extraño a la familia, sino que es situado en posición legal de hijo, con pleno derecho a la herencia.

Pero la adopción no se identifica con la justificación; va más allá. Por la justificación, el hombre pecador es descargado de su culpabilidad y restituido al favor y amistad de Dios. Por la adopción, se da un paso más: Dios nos considera ya, no sólo como *amigos*, sino también como *hijos*.

Consecuencia de esta adopción filial es la *"parrhesía"* = completa confianza para hablar a uno cara a cara, que la sangre de Cristo nos ha proporcionado a fin de que podamos entrar osadamente en el Santísimo y dirigirnos al Trono de la gracia (V. Heb. 4:16; 10:19). Si somos hijos de Dios, no necesitamos intermediarios para dirigirnos al Padre. Un príncipe no necesita recomendación alguna para ser recibido en audiencia por el rey, su padre.

4. El derecho a la herencia

Al ser adoptados por hijos, los creyentes adquieren derecho a la herencia que es *la vida eterna* (Rom. 8:14ss.). La vida eterna, o *"zoé aiónios"* en el griego del Nuevo Testamento, es la misma vida de Dios, que estaba por derecho propio en Jesucristo, y que Él vino a darnos en abundancia (V. Jn. 1:4; 5:26; 6:27,40,47,54,57,58; 10:10). Esta vida eterna se adquiere ya en el momento en que uno llega a ser un verdadero creyente (Jn. 3:15-16), pues ese es el momento en que uno recibe el Espíritu prometido (Hech. 2:39; Rom. 8:17; Gál. 3:14; 4:6; Ef. 1:13; 2.ª Ped. 1:4), pero se consuma y revela en todo su apogeo en la gloria futura. De ahí, la conexión que Rom. 8:30 y 1.ª Cor. 1:30 establecen entre la justificación y la glorificación. Por ello también, la adopción incluye, como la glorificación, la resurrección final o *"redención"* de nuestros cuerpos (V. Rom. 8:23; 1.ª Cor. 1:30).

CUESTIONARIO:

1. ¿Qué entendemos por "adopción divina"? — 2. ¿Qué relación tiene la regeneración espiritual con la adopción de hijos? — 3.¿Qué diferencia hay entre el nuevo nacimiento y la adopción? — 4. ¿Es Dios el Padre de todos los hombres? — 5. ¿En qué se parece la adopción a la justificación, y en qué se diferencia? — 6. ¿Qué consecuencias se deducen de esto en relación con nuestro acceso a Dios? — 7. Qué comporta el derecho a la herencia divina?

Sexta parte

La santificación

LECCION 21.ª CONCEPTO DE SANTIFICACION

1. El poder del pecado

Ya vimos anteriormente que el pecado tiene tres aspectos: acto, estado y poder. Por la justificación, el *acto* del pecado queda perdonado, y el *estado* de enemistad con Dios es cambiado en estado de amistad y de filiación divina. Pero queda todavía dentro de nosotros el *poder* del pecado (V. Rom. 6:20; 7:14-25). Este poder del pecado queda *contrarrestado* ("destruido" es una mala traducción del griego *katargethé* en Rom. 6:6) mediante el poder y la gracia del Espíritu Santo, quien cambia el corazón del hombre mediante la *regeneración* espiritual y el "nuevo nacimiento", que son instantáneos como la justificación, y mediante la *santificación* que requiere un proceso continuo hasta la hora de nuestra muerte.

2. Noción de santificación

La santificación es un proceso continuo de docilidad al Espíritu Santo, quien, habiendo regenerado nuestro interior, mantiene y fortalece esta interna disposición de santidad inicial. Esta definición implica:

A) Que, aunque en nuestra regeneración espiritual el corazón ha cambiado de orientación, quedan todavía tendencias malas que deben ser sometidas (V. Jn. 13:10; Rom. 6:12). El pecado ya no *reina* en el creyente, pero todavía *habita* en él. [1]

---

1. V. A.H. Strong, **Systematic Theology**, pp. 869-870.

B) Que, por tanto, el creyente justificado alberga dentro de sí dos tendencias contrarias o dos centros de gravitación; en una palabra, dos naturalezas: la del viejo Adán, por la cual se siente inclinado al egocentrismo, o sea, al pecado; y la del postrer Adán, creado según Cristo en justicia y santidad (Ef. 4:24), por la cual se siente inclinado hacia Dios y hacia el bien. La coexistencia de estas dos naturalezas en el creyente, provoca un conflicto constante de por vida.

C) Que la victoria en este conflicto se consigue mediante el poder del Espíritu, quien fortalece nuestra fe para que andemos por el camino de la santidad, *"arraigados, establecidos y confirmados"* en Cristo, así como Le recibimos (Col. 2:6-7).

D) Que no es suficiente con conocer nuestro estado de tensión entre los dos polos, sino que es preciso entregarse de lleno a la obra de la santificación, mortificando las tendencias del pecado, dejando el molde del mundo y transformando nuestros criterios y nuestra conducta, con las antenas siempre alerta a la voz y a la acción del Espíritu, quien nos indica en cada momento cual es la voluntad de Dios *"buena, agradable y perfecta"* (V. Rom. 12:1-3).

3. La terminología bíblica

El hebreo del Antiguo Testamento usa la raíz *qdsh* para expresar el concepto de santidad. Así tenemos: el verbo *qadash* = santificar, el nombre *qodesh* y el adjetivo *qadosh* = santo. La etimología más probable es la raíz *qad*, que significa "cortar". Por eso, la significación primordial del término "santo" es "cortado", segregado, del mundo y de lo profano, para ser consagrado a Dios. Esta posición de persona consagrada a Dios, propia de todo creyente y manifiesta —por la preposición *eis* con acusativo— en el texto griego de la fórmula del Bautismo (V. Mt. 28:19), constituye la santidad óntica.

El Nuevo Testamento emplea el adjetivo *"hágios"* = santo, y el verbo *"hagiázo"* = santificar, con el mismo sentido que los respectivos términos hebreos "qadosh" y "qadash". Por tanto, también expresan primordialmente la idea de separación. Sinónimos de "hágios" son: (a) *"hierós"* = sagrado, que se aplica principalmente a cosas (V. 1.ª Cor. 9:13; 2.ª Tim. 3:15); (b) *"hósios"* = santo, aplicado a personas o cosas libres de iniquidad (V. Hech. 2:27; 13:34,35; 1.ª Tim. 2:8; Tito 1:8; Heb. 7:26; Ap. 15:4; 16:5); (c) *"hágnos"* = puro, libre de impureza en sentido ético. El adjetivo "hágios" adquirió rápidamente un sentido de santidad moral o ética, sentido que no tuvo en un principio.

4. Historia del concepto de santificación

El moralismo que caracterizó los escritos de los primeros llamados "Santos Padres de la Iglesia", determinó también las futuras desviaciones de los teólogos:

A') El Sacramentalismo, por el cual se pensó que el Bautismo de agua o ritual limpiaba de los pecados pasados, mientras que los pecados posteriores al Bautismo debían ser expiados a fuerza de penitencias y buenas obras.

B') El Asceticismo consiguiente, con el natural incremento de la vida monástica, llamada "estado de perfección", porque en ella se creía ver una mayor oportunidad de consagración a Dios, de expiación de los pecados y de ejercicio heroico de las virtudes.

C') La intrusión del concepto de gracia como cualidad infusa que proporciona formalmente la participación de la naturaleza divina y el perdón de los pecados, con lo que se confundió la justificación con la santificación.

La Reforma restableció el concepto bíblico de santificación, como proceso continuo de la acción del Espíritu en el interior del creyente, distinguiéndolo claramente de la justificación, que comporta una posición legal ante Dios. Sin embargo, mantuvieron la íntima conexión entre justificación y santificación mediante el ejercicio de la fe en ambas (Col. 2:6-7). El Pietismo y el Modernismo las separaron demasiado, hasta desembocar en el Perfeccionismo. La Teología Liberal ha hecho de la santificación un mero proceso de mejoramiento moral mediante la corrección psicológica del carácter personal.

CUESTIONARIO:

1. ¿Por qué es necesaria la santificación después de la justificación? — 2. ¿Cómo se define la santificación? — 3. ¿Qué consecuencias prácticas implica el concepto de santificación? — 4. ¿Con qué términos expresa la Biblia el concepto de santidad? — 5. ¿Cómo ha evolucionado en la Iglesia el concepto de santificación?

LECCION 22.ª
NATURALEZA DE LA SANTIFICACION

1. Verdadera naturaleza de la santificación

Hay quienes piensan que la santificación consiste en la obra del creyente, el cual, teniendo dentro de sí la vida implantada por el Espíritu Santo en el momento de la regeneración, procura sacar de dicho manantial nuevos elementos y energías, mediante un proceso psicológico de auto-persuasión en virtud de los motivos de moralidad que le presenta la fe. Nada más falso que esta idea.

El Nuevo Testamento nos presenta la santificación como una obra de Dios (V. 1.ª Tes. 5:23), y más específicamente del Espíritu Santo (Rom. 8:14), quien va cincelando en nuestro ser la imagen del Primogénito, Jesucristo (Rom. 8:29). Es cierto que esta obra de Dios exige también nuestra cooperación (V. 1.ª Cor. 15:10); pero esta cooperación, más que un *esfuerzo* por mejorarse, comporta una *docilidad* al Espíritu, a la obra de Dios que trabaja en el interior (V. 1.ª Cor. 3:7). La santificación es el progreso de la vida divina en nosotros, y la vida crece de dentro afuera. A una planta no se la hace crecer tirándole de las hojas, sino con el riego y el abono del suelo.

Por tanto, la obra de la santificación se efectúa en el interior del corazón, desde el fondo mismo del subconsciente, de modo que este progreso no aparece directamente a la con-

ciencia del individuo, aunque éste puede y debe hacerse
consciente de él, de alguna manera —indirectamente—, mediante el "test" de los frutos de una vida santa. Pero tampoco
debe angustiarse demasiado cuando no le parezca estar pro-
gresando en la virtud, pues la acción del Espíritu es semejante a aquella semilla que un sembrador salió a sembrar y
después se volvió a casa, y, mientras él dormía, la semilla iba
germinando hasta salir un tallo, después la espiga, y luego
producir fruto maduro en la espiga (Mc. 4:26-29).

Es fácil sucumbir a la tentación de impaciencia, tanto en
nuestra propia santificación, como cuando contemplamos el
aparentemente poco progreso de nuestros hermanos en la fe
(o la lenta y escasa cosecha de nuevos creyentes). Pensamos
quizá que el Espíritu Santo dormita, como Jesús en la popa
de la nave, y desearíamos tirar de El para que se diese más
prisa. Pero Dios tiene su tiempo, su "*kairós*" —que no siempre coincide con el "*chrónos*" de nuestros relojes humanos—
y ejecuta su plan de salvación dentro de los designios de Su
Sabiduría infinita, sin llegar nunca a destiempo —demasiado
pronto o demasiado tarde—, sino siempre a *tiempo,* porque
trabaja desde la eternidad. Nuestra impaciencia se basa en
que, como dice A.H. Strong [2] intentamos practicar en nuestra
vida religiosa una fotografía demasiado rápida. Nuestras fotos
resultan pobres, porque nuestros negativos son débiles. No
le damos a Dios en nuestras poses el suficiente tiempo para
sacar un buen parecido. Un estudiante de un Colegio preguntó
al Rector si podría hacer el curso en menos tiempo que el
programado por la Secretaría de estudios. El Rector le contestó: "Oh, sí, pero eso depende de lo que Vd. quiera llegar
a ser. Cuando Dios quiere hacer una encina, se toma cien
años; pero cuando quiere hacer una calabaza, le bastan seis
meses." [3]

---

2.   O. c., p. 869.
3.   Citado por A.H. Strong, o. c., p. 871.

2. Los dos aspectos de la santificación

La Sagrada Escritura nos presenta la santificación en dos aspectos complementarios y simultáneos: mortificación del cuerpo de pecado, y avivamiento de la nueva vida, implantada en la regeneración espiritual:

A) La mortificación del hombre viejo comporta el proceso llamado "purificación" [4] Es consecuencia de nuestro nacimiento a la vida divina, siendo ahora hijos de Dios (V. 1.ª Jn. 3:1-3). La palabra "puro" viene del griego "pyr" = fuego, porque así como el fuego limpia y aquilata los metales preciosos, así también la purificación es un aspecto de la santificación por el cual nuestras almas y nuestros espíritus se desprenden del óxido y de la contaminación del pecado. El Apóstol llama a este proceso "crucifixión", porque al mortificar el cuerpo de pecado, nos unimos con Cristo-Cabeza, crucificando los miembros de una cabeza ya crucificada, y así quedamos también crucificados al mundo, como el mundo lo está para nosotros, pues la cruz indica *contradicción:* dos palos cruzados, o sea, la voluntad humana contra la voluntad divina. Por eso, Jesús sufre en la Cruz la contradicción de Cielos y Tierra, para salvarnos de la enemistad con Dios (V. Rom. 6:6; Gál. 2:20; 5:24; 6:14).

B) El reavivamiento del "hombre nuevo" comporta el ejercicio de la nueva vida en una dirección positiva. El Espíritu fortifica nuestro espíritu y lo conduce a toda virtud (V. 2.ª Ped. 1:4ss.), tomando el control de todas nuestras facultades (Rom. 8:4,14). Por eso, la santificación es como un entregar al Espíritu Santo todas las llaves de nuestro corazón, para que tome posesión de todos los aposentos (no sólo de la habitación de *huésped*) y los consagre y controle. Tenemos muchos rincones en nuestro corazón, y cuando alguno de ellos queda sin entregar al Espíritu, es señal de que allí tenemos entronizado un ídolo, cuyo altar nos negamos a derribar. Es

---

4. De ella trataremos en detalle en la lección 25.ª

aquí donde tienen cabida las "obras buenas" como fruto de la salvación adquirida: *"creados en Cristo Jesús para buenas obras, las cuales Dios preparó de antemano para que anduviésemos en ellas."* (Ef. 2:10).

Los dos aspectos son, como hemos dicho al principio, simultáneos y complementarios. Una purificación que no fuese acompañada del crecimiento espiritual, sería una labor puramente negativa. Una santificación que olvidase la lucha contra el pecado, sería un peligroso misticismo. En la medida que la vieja estructura del pecado va desapareciendo, se adivinan los contornos de la nueva construcción. Como dice Berkhof: "Gracias a Dios que la erección gradual del nuevo edificio no tiene que esperar a que el viejo esté completamente demolido; de lo contrario, nunca podría el nuevo comenzar su edificación en esta vida." [5]

CUESTIONARIO:

1. ¿En qué consiste primordialmente la obra de la santificación? — 2. ¿Cómo y por quién se realiza esta obra? — 3. ¿Dónde se operan las transformaciones que el Espíritu realiza? — 4. ¿Podemos apresurar desde fuera el curso de nuestra santificación? — 5. ¿Cuál es el aspecto negativo de la santificación y cómo se lleva a cabo? — 6. ¿Cuál es el aspecto positivo de la santificación? — 7. Es preciso acabar la tarea de la purificación (la "vía purgativa"), para pasar a la contemplación y unión con Dios?

---

5. **Systematic Theology**, p. 533.

LECCION 23.ª LOS MEDIOS DE SANTIFICACION

1. La agencia principal de santificación

El agente principal de la santificación, repetimos, es el Espíritu Santo. Es preciso insistir en esto, principalmente en nuestros días, en que el activismo parece llenarlo todo, empezando por la evangelización, y en que la Teología se está convirtiendo en Antropología puesto que el hombre ocupa el primer plano en todos los terrenos, mientras la acción de Dios es relegada a segundo término, cuando no es olvidada por completo. Es cierto que el hombre coopera en la obra de la santificación, pero esta misma cooperación se efectúa en virtud del poder que el Espíritu imparte sin cesar.

El Espíritu Santo realiza esta tarea, no mediante la producción y aumento de una cualidad infusa llamada "gracia santificante", como enseñaba la Teología Escolástica, sino directamente, tomando el control de nuestras facultades y transformando progresivamente nuestros criterios, moldeando nuestros sentimientos de acuerdo con los de Jesucristo (V. Flp. 2:5), y fortaleciendo las decisiones de nuestra voluntad. También el cuerpo es afectado por esta obra, en cuanto que es el gesto expresivo y el instrumento de las decisiones del espíritu. Tanto el alma como el cuerpo llegarán a la perfección en el día de la resurrección final, cuando un cuerpo espiritualizado y glorioso será el instrumento ideal de un alma y de un espíritu "*sin mancha ni arruga*" (Ef. 5:27).

2. Medio subjetivo: la fe

La santificación es un progreso en la regeneración y una consecuencia de la justificación. Por eso, el medio subjetivo de la santificación es también la fe (V. Hech. 15:9; Rom. 1:17). Hay creyentes que, sabiendo muy bien que la justificación es *por fe*, se equivocan lamentablemente pensando que la santificación es *por obras*. La santificación es tan obra de la gracia de Dios como la justificación; por tanto, así como recibimos la justificación por fe desnuda, así también somos santificados por fe (V. Col. 2:6-7), ya que la santidad no consiste en el aumento de una cualidad, sino en el progresivo enraizamiento en Cristo. El incremento lo dará Dios (1.ª Cor. 3:6-7); lo nuestro es el echar raíces (en contraste con Lc. 8:13).

Por lo dicho se advierte que la fe de que hablamos no es un mero asentimiento intelectual a las verdades del Evangelio, sino un recibir a Cristo en nuestras vidas y un entregarnos por completo a El (V. 2.ª Cor. 3:18; Ef. 4:13; 1.ª Jn. 3:3). Así se comprende que el agente principal de la santificación, el Espíritu Santo, efectúa su tarea en nosotros copiando en nuestro ser los rasgos de Jesús, de forma que cada cristiano sea una copia de Jesucristo en la medida en que se deja conducir por el Espíritu de Cristo. Esta conducción se manifiesta claramente en el cumplimiento de la voluntad del Padre. Por eso, por haber recibido el Espíritu *"no por medida"* (Jn. 3:34), es por lo que el *alimento* de Jesús —todo el afán de su vida— era cumplir la voluntad del Padre (Jn. 4:34).

3. Los medios objetivos

Si el medio subjetivo de la santificación es la fe, por la cual ponemos nuestros ojos en el que es Autor y Consumador de ella (Heb. 12:2), los medios objetivos son los que suscitan, aquilatan y aumentan la fe. Dichos medios son los siguientes:

A) *La Palabra de Dios*. La labor principal de la Reforma consistió en entronizar la Santa Biblia, la Palabra de Dios, en medio de la Iglesia. Espíritu y Palabra van siempre de la mano. El Espíritu opera la conversión y la santificación por medio de la Palabra; y la Palabra obtiene su eficacia regeneradora y santificadora en virtud del Espíritu que la vivifica. La Biblia en sí misma no tiene fuerza espiritual; es como un cuerpo, por bello que sea, pero sin alma; y son muchos los que equivocadamente atribuyen a la Sagrada Escritura, a la letra de la Biblia, una especie de influjo mágico, que automáticamente actúa en los lectores. Pero, cuando las *Sagradas Letras* ("hiera grámmata" 2.ª Tim. 3:15) son vivificadas, interpretadas y aplicadas a una persona por el Espíritu de Dios, resultan el medio primordial de santificación (2.ª Tim. 3:16-17. V. también Sal. 119:105; 1.ª Ped. 1:22; 2:2; 2.ª Ped. 1:4,19).

B) *Las Ordenanzas* (que algunos llaman *Sacramentos*) son también *medios especiales* de gracia, aunque no son medios de una *gracia especial* (sacramental), en cuanto que, como símbolos ordenados por Jesucristo y "palabras en acción", contienen una vívida representación de las verdades nucleares del Cristianismo. Por eso, el Espíritu las emplea, en subordinación a la Palabra, para excitar la fe del creyente y darle una ocasión de confesión y testimonio (V. Rom. 6:3; 1.ª Cor. 12:13; Tito 3:5; 1.ª Ped. 3:21).

C) *La Providencia* que Dios tiene de sus elegidos, tanto en lo próspero como en lo adverso, es también un gran medio de santificación. Dios siempre está trabajando, incluso en el día de reposo, en la tarea de la salvación (V. Jn. 5:17). El ordena todo para nuestro bien (Rom. 8:28). El lleva a feliz término lo que empieza (Flp. 1:6; 1.ª Tes. 5:23). Su poda duele a veces, pero los sufrimientos que El envía están destinados a nuestra purificación y progreso (Jn. 15:2; 1.ª Cor. 11:27ss.; Heb. 12:5-6), e incluso a completar lo que falta a los sufrimientos de Cristo para la *aplicación* de la Redención (Col. 1:24).

D) *La Comunión* con los hermanos en la fe es también un medio poderoso de santificación, pues supone y comporta la acción mutua de un testimonio, de un consuelo, de un aliento y de una expansión de nuestra comunión con Jesucristo (V. el programa de la Iglesia primitiva en Hech. 2:42).

E) *La plegaria* u *oración* es un gran medio de santificación, pues consiste esencialmente en una perfecta sintonía con la voluntad de Dios, para asociarnos a El en la tarea de proporcionarnos a nosotros mismos y a los demás las cosas que realmente convienen. Esto lo hacemos por medio del Espíritu, quien nos enseña a orar como conviene, según la voluntad de Dios (V. Rom. 8:26-27).

Cuando los medios aquí indicados —meditación de la Palabra de Dios, Ordenanzas, paciencia, comunión fraternal y oración— se descuidan o abandonan, el tono general de la vida cristiana decae, y la santificación sufre un lamentable retraso.

CUESTIONARIO:

1. ¿Cuál es el agente principal de la santificación — 2. ¿Por qué es preciso enfatizar la acción del Espíritu Santo? — 3. ¿Cuál es el medio subjetivo de la santificación y cómo actúa? — 4. ¿Cuáles son los medios objetivos de la santificación? — 5. ¿Qué consecuencias se siguen del descuido de estos medios?

LECCION 24.ª LAS BUENAS OBRAS

En la lección 16.ª hemos tratado de las obras en relación con la fe. Ahora vamos a analizar el concepto de *obra buena* en relación con la santificación. Podemos adelantar que, así como la vida anterior a la conversión se expresaba en obras malas, así la nueva vida originada en la regeneración y continuada en la santificación, se expresa en obras buenas. [6] Ya dijo el Señor que el árbol se conoce por sus frutos (Mt. 7:16-17), y las obras buenas no son otra cosa que los buenos frutos del buen árbol de la fe cristiana.

1. Concepto de «obra buena»

Al hablar de "buenas obras", no queremos indicar que las acciones humanas, ni siquiera las del creyente, puedan cumplir con todos los requisitos que demanda la ley divina, de modo que puedan merecer la vida eterna. En nuestro libro *Catolicismo Romano* [7], explicamos el concepto de "mérito" según la Teología Católico-Romana, en el sentido de que nuestras buenas obras, hechas en gracia (con la gracia santificante *infusa*), merecen la vida eterna *en justicia*. Contra esta afirmación, están las claras palabras del Señor: *"Vosotros, cuando hayáis hecho todo lo que os ha sido ordenado,*

---

6. V. L. Berkhof, o.c., p. 540.
7. Pp. 147-150.

decid: Siervos inútiles somos, pues lo que debíamos hacer, hicimos" (Lc. 17:10).

Esto no quiere decir que Dios no apruebe nuestras buenas obras. Más aún, El ha prometido *recompensa* incluso por un vaso de agua fresca dado en Su nombre (Mc. 9:41). El Nuevo Testamento habla frecuentemente de recompensa por las buenas obras (V. Mt. 10:41,42; 1.ª Cor. 3:8,14; 9:17; Col. 3:24; 2.ª Tim. 4:8; Ap. 22:12). Pero una cosa es hablar de recompensa *prometida*, y otra cosa, de recompensa *merecida*. Sin embargo, es éste un asunto en que sería muy fácil llegar a un acuerdo, si no estuviese por medio la definición dogmática del Concilio de Trento, según el cual las obras del justificado pueden realmente merecer (*"vere mereri"*) no sólo un aumento de gracia y de gloria, sino la misma consecución de la vida eterna (*"ipsius vitae aeternae consecutionem"*), con tal que muera "en gracia". [8]

2. Características de las buenas obras

A) Las buenas obras son, como hemos dicho, frutos de un corazón ya regenerado. Su base está en la gracia divina, que les presta su fuerza, su recta dirección y su noble motivo (por amor y para gloria de Dios). No se hacen sólo *por cumplir* la Ley, sino *para hacer* la voluntad de Dios (V. Mt. 15:9).

B) Las buenas obras, por muy noble que sea su motivo, siempre quedan por debajo de la perfección que demandan la Ley y el Sermón del Monte, pues, debido a nuestra debilidad mientras caminamos por esta vida, todas las obras buenas juntas representan solamente una obediencia *parcial* a las exigencias de la santidad de Dios y de la perfección de Su divina Ley (V. 1.ª Jn. 1:8,10; Sant. 3:2).

---

8. Sesión VI, canon 32 (V. Denzinger-Schönmetzer, **Enchiridion Symbolorum...**, n.º 1582).

3. Necesidad de las buenas obras

Como ya hemos insinuado antes, las obras buenas son necesarias como manifestación de una vida regenerada. No porque sean necesarias para merecer la salvación, ni para conservar la salvación adquirida, sino porque somos miembros de Jesucristo, y esta unión no puede menos de llevar fruto: *"Yo soy la vid, vosotros los pámpanos; el que permanece en mí, y yo en él, éste lleva mucho fruto."* (Jn. 15:5).

Las obras buenas son también necesarias: (a) en actitud de obediencia a la Ley de Cristo (1.ª Cor. 9:21); (b) como "test" de una verdadera conversión (V. 2.ª Ped. 1:10).

4. ¿Puede el inconverso hacer buenas obras?

Un hombre con las piernas sanas puede, a veces, dar malos pasos; pero un cojo no puede dar un paso a derechas. De la misma manera, un creyente es siempre imperfecto y puede cometer pecados, sin desviarse por eso habitualmente del camino que le marca el Espíritu Santo (comp. el *"hemos pecado"* de 1.ª Jn. 1:10, con el *"no practica el pecado"* de 1.ª Jn. 3:8,10), mientras que un inconverso puede ser, desde el punto de vista meramente humano, más honesto moralmente, pero sin que sus actos merezcan el nombre de "buenas obras". Es cierto que muchos de los no creyentes guardan externamente la Ley y aborrecen el crimen; incluso pueden obrar por motivos generosos y laudables, gratos a Dios, cuya imagen en ellos no se ha borrado totalmente por el pecado. Pero ello es también debido a la gracia *común* que Dios imparte universalmente y a nadie la niega.

Sin embargo, todas estas obras, desde el punto de vista de la salvación, fallan por su base, ya que no nacen de un puro amor (*"agápe"*) de Dios, ni se dirigen a Su gloria en obediente sujeción a Su divina voluntad. Ahora bien, como correctamente formuló Agustín de Hipona, faltándoles el único verdadero y noble fin que determina la cualificación teológica de los actos humanos, es preciso asegurar que tales obras de los no creyentes tienen ya su premio en esta vida. De tales "buenas obras" de los inconversos, decía Agustín que eran "grandes pasos, pero fuera del camino". El caso de Cornelio en Hechos 10 no es ningún argumento en favor de los inconversos, pues Cornelio era ya un *creyente* en Dios y en las promesas del Mesías, antes de escuchar las Buenas Noticias de la Redención *ya* conseguida en el Calvario; de ahí que sus plegarias y sus limosnas fuesen aceptables a Dios. "

CUESTIONARIO:

1. *Concepto de "obra buena". — 2. ¿Es lo mismo "obra buena" que "mérito"? — 3. ¿Son perfectas nuestras buenas obras? — 4. ¿Por qué son necesarias las buenas obras? — 5. ¿Puede el hombre natural, no regenerado, hacer "buenas obras"?*

---

9. V. J. Gill, en su comentario verso por verso a toda la Biblia, vol. V, pág. 876.

LECCION 25.ª   LA PURIFICACION

Si las obras buenas nos ofrecen un aspecto de la santificación, en cuanto que son frutos *positivos* de salvación, la
purificación del corazón supone el aspecto *negativo* de esta
tarea, en cuanto que implica la liberación del poder del mal
en virtud de la ación del Espíritu Santo, a la cual hemos
de someternos. Ya aludimos a esto en otra lección [10], pero este
tema bien merece una lección aparte.

1.   Los fallos en la comunión con Dios

De la misma manera que un hijo puede estar en mejor o
peor relación con su padre, sin que ello afecte a su posición
filial, así también el creyente, por el hecho de estar justificado
con la justicia de Cristo de una vez para siempre, y de ser
hijo de Dios, no puede perder por el pecado esta posición
de justicia y de adopción filial, pero sí puede enfriar su relación o comunión íntima con Dios. Esta es la causa de que
muchos creyentes vivan una vida lánguida, sin vitalidad espiritual, sin estímulo y sin testimonio, por haberse enfriado su
comunión con Dios y con Jesucristo.

La causa de estos fallos se encuentra en la derrota diaria
(no le expulsa de la posición, pero le hace caer al suelo) que
el creyente puede sufrir frente a las fuerzas del mal que le

---

10.   V. también mi libro **Etica Cristiana**, lección 16.ª p. 3.

rodean: los asaltos del demonio, la corrompida atmósfera del mundo ambiente, y la quinta columna de las tres concupiscencias metidas dentro de nuestro ser (V. Sant. 1:14, comp. con 1.ª Jn. 2:16), puesto que la naturaleza vieja no desaparece nunca del todo mientras caminamos por este mundo.

2. Los enemigos de la santificación

Así pues, los enemigos del cristiano (y grandes amigos del inconverso) son, como clásicamente se les ha llamado: el mundo, el demonio y la carne. Vamos a analizarlos brevemente:

A) El mundo o *cosmos* es obra de Dios, pero, como efecto del pecado y de la perversión del hombre, tiene un sentido peyorativo en el Nuevo Testamento, cuando significa el complejo y vasto sistema mundano de los hombres contrarios a Dios, a Jesucristo y al Evangelio, y dirigidos y gobernados por el Maligno, y cuyos criterios y módulos de conducta penetran como un tóxico en la atmósfera común (V. Jn. 12:31; 14:30; 15:19; 16:11,33; 17:9,16; Col. 1:13; 1.ª Jn. 5:4-5,19).

B) El demonio, siempre envidioso del hombre, por ser éste la obra maestra de la creación visible y favorecido por los designios divinos de salvación, es el gran enemigo de la humanidad. Es cierto que el demonio fue vencido por Jesucristo, y derribado de su pedestal de tirano de la humanidad. Ha sido juzgado (Jn. 16:11), pero no ha sido aún *atado* (Ap. 20:2, sea cual sea la opinión que se tenga sobre el Milenio), ya que, aun habiendo sufrido la derrota decisiva (V. Col. 2:14-15), todavía continúa su lucha contra los cristianos (Ef. 6:10-12), dando vueltas alrededor [11], buscando a quien poder devorar (1.ª Ped. 5:8).

---

11. Como un perro atado a la cadena, y que sólo puede morder a quienes entran en el radio de acción de la circunferencia que describe dando vueltas hasta el límite que le permite la longitud de la cadena.

C) La *carne* (*"sarx"*) no debe confundirse con el *cuer-po* (*"soma"*), el cual es la parte visible del ser humano y no representa, de por sí, un enemigo moral del alma y del espíritu. El vocablo "sarx" en Juan significa la parte visible y débil de nuestra naturaleza humana y, por ello, para expresar la humillación del Verbo al hacerse hombre, Juan dice que *"se hizo CARNE"* (Jn. 1:14), siendo así, al mismo tiempo, una expresión visible y palpable, del Padre invisible (Jn. 1: 18; 14:9). En Pablo, este vocablo indica casi siempre, no una parte del ser humano, sino el hombre entero en cuanto guiado por el espíritu del mal, en oposición al Espíritu de Dios; es decir, expresa al hombre *natural* ("psychicós") o *carnal* ("sarkikós"), frente al *espiritual* ("pneumatikós").

3. La purificación, proceso de integración

La palabra "puro" expresa los conceptos de simplicidad e incorrupción. Así, al decir que algo es "de oro *puro*", queremos dar a entender que aquello es *sólo* oro y *todo* oro. Esta era la simplicidad e incorrupción que el hombre poseía cuando salió de las manos de Dios: era recto (Ecl. 7:29), sencillo e íntegro, o sea, *entero,* sin división. Con el pecado, entró en el hombre la división; con la división, el conflicto y la guerra: guerra contra Dios, contra el prójimo y contra sí mismo.

El proceso de la santificación comporta, por tanto, un proceso de segregación de lo mundano, como el oro es separado de la ganga, para alcanzar una pureza semejante a la de Dios, quien es EL PURO SER (Ex. 3:14: *"Yo soy el que soy"*), sin mezcla de no-ser; sin composición, sin cambio, sin corrupción. El cristiano debe ser, pues:

A') *Uno con Dios,* en sus caminos (V. Is. 55:8; 1.ª Jn. 2:6; 3:3), en sus pensamientos (V. Sal. 139:17; Prov. 23:26; Hech. 15:9; Rom. 12:2; Flp. 2:5; 4:8; Col. 3:10) y en su voluntad (Jn. 7:17; Rom. 12:2).

B') *Uno en sí mismo,* con sencillez de mente (V. Mt. 6: 22,33; 2.ª Cor. 10:5; 11:3), de lengua (V. 1.ª Cor. 1:10;

Filp. 2:2; 1.ª Tim. 3:8) y de corazón (V. Mt. 5:4; Ef. 5:5; Heb. 13:15-16; 1.ª Jn. 5:21).

C') *Uno frente al mundo.* Vacío de lo mundano y del "yo" (V. Sant. 4:4-5), para ser lleno de Dios y usado por El (2.ª Tim. 2:21). Sencillez contra hipocresía. Como dice Manton, en su Comentario a Santiago: "la hipocresía espiritual consiste en tener el color del primer matrimonio y ser complaciente con el mundo". De esta interna división procede la infelicidad de los cristianos imperfectos, como dice Th. Brooks, en su libro *Heaven on Earth:* "demasiado buenos para ser felices *con* el mundo; demasiado defectuosos para ser felices *sin* el mundo." *Sólo lo que está vacío de otras cosas, puede ser llenado por Dios,* teniendo en cuenta que las cosas no nos alejan de Dios *cuando las poseemos,* sino *cuando nos poseen.*

CUESTIONARIO:

1. ¿Por qué es necesaria la purificación del cristiano para su santificación? — 2. Diferencia entre adopción filial y comunión filial. — 3. ¿En qué sentido y forma son enemigos nuestros el mundo, el demonio y la carne? — 4. ¿Qué expresa la palabra "puro"? — 5. ¿Cómo lleva la purificación a la unidad interior?

LECCION 26.ª DOS EXTREMOS ERRONEOS EN MATERIA DE SANTIFICACION

Para terminar esta materia de la santificación, es necesario tratar de dos extremos igualmente peligrosos, a los que muchos creyentes son llevados por una interpretación equivocada y unilateral del Nuevo Testamento. Nos referimos al Antinomianismo y al Perfeccionismo.

1. El Antinomianismo

La palabra "antinomianismo" se deriva de los vocablos griegos *"antí"* = "contra" o "enfrente de", y *"nómos"* = ley, y designa una corriente teológica que sostiene que, puesto que Jesucristo cumplió perfectamente (activa y pasivamente) con las exigencias de la Ley en nuestro lugar, los creyentes quedan libres de la obligación de cumplirla. K. Barth, con su ideología ultraluterana, siguió las huellas de Agrícola y de Sandeman, al asegurar que todas las *obras,* incluso las del creyente, son pecaminosas. Esto desemboca en un Monergismo radical y en el Quietismo, o sea, en la actitud pasiva de no hacer lo bueno, sino dejar que Dios lo haga todo en nosotros. Según los antinomianos, el creyente ha quedado liberado de la Ley y, por tanto, no está obligado a cumplirla.

A esto debemos replicar que Jesucristo nos libra de la Ley: (a) en cuanto que ésta es un sistema penalizador, que corta del pueblo de Dios a los incumplidores de la misma; en este sentido, El llevó sobre sí la maldición de la Ley (Gál.

3:13); (b) en cuanto que la Ley exige ser cumplida como medio de obtener la salvación; en este sentido, Cristo nos mereció la salvación, con su perfecta obediencia a la Ley; (c) en cuanto que la Ley es una *obligación*, es decir, algo que liga y ata coactivamente desde fuera; en este sentido, Jesucristo nos libera de la Ley, clavando en la Cruz las exigencias de la Ley (Ef. 2:15; Col. 2:14), e impartiendo el Espíritu Santo para una obediencia filial, con un corazón tierno y amoroso, de modo que las exigencias de la Ley quedan superadas por el amor filial al promulgador de tal Ley. Pero todo ello no exime al creyente de una *norma de vida* que el Apóstol llama *"la ley de Cristo"* (1.ª Cor. 9:21).

Esta "ley de Cristo" es *su* mandamiento (Jn. 13:34; 15:12,17; 1.ª Jn. 3:23; 2.ª Jn. vers. 5). El que cumple este mandamiento, cumple la Ley (Rom. 13:8; Gál. 5:14; 6:2; Stg. 2:8). Conforme está expresado en 1.ª Jn. 3:23, el mandamiento viene a englobar las dos tablas de la Ley. La fe y el amor (Gál. 5:6) traen como *fruto* del Espíritu un conjunto de virtudes en que no sólo se cumplen las exigencias de la Ley, sino que se rebasan (V. Gál. 5:22-23). Ahora bien, uno que quebrante aquello de la Ley en que se demanda nuestra correcta relación con Dios y con el prójimo, quebranta la Ley de Cristo y, por tanto, comete iniquidad (V. 1.ª Jn. 5:17). Por tanto, huímos del legalismo hasta el punto de afirmar que el Decálogo, *como tal*, no *obliga* al creyente (V. Rom. 10:4), [12] pero huímos también del antinomianismo, al afirmar que la ley de Cristo, que engloba y sobrepasa todo lo que no es meramente cultual en el Decálogo, es para el cristiano una *norma* que no se puede transgredir sin pecado.

2.　El Perfeccionismo

En el extremo opuesto al Antinomianismo, está el Perfeccionismo, de la misma manera que frente al Quietismo po-

---

12.　Para más detalles, V. mi libro **Etica Cristiana**, lección 20.ª

demos situar el Activismo. Este sistema sostiene que el creyente puede llegar en esta vida a verse totalmente libre de pecado y lleno de santidad moral. Un famoso defensor de esta teoría fue el gran predicador y fundador del Metodismo, John Wesley (recuérdese su Arminianismo, aunque moderado [13]). Para rebatirlo, seguiremos las líneas de la brillante refutación que de él hace A.H. Strong. [14]

A) *El Perfeccionismo es falso en sus fundamentos.* Esta teoría se basa en tres falsos supuestos:

(a) que la Ley es como un termómetro para ir marcando el progreso en la condición moral de las personas, en vez de ser el reflejo de la infinita santidad de Dios;

(b) que la malicia del pecado está toda en los actos deliberados contra la Ley, como si la corrupción no penetrase en todos los recovecos de nuestra intimidad. No se olvide que el hombre caído no sólo *hace pecados,* sino que *es pecador;*

(c) que el albedrío humano es capaz de escoger en favor de Dios en cada decisión, de persistir en tal propósito, y de cumplir en cada momento las obligaciones que de ello se derivan, como si la caída original no le hubiese afectado en lo más vivo.

B) *El Perfeccionismo contradice las enseñanzas de la Sagrada Escritura:*

(a') El Nuevo Testamento asegura que *nadie* está sin pecado (V. Sant. 3:2; 1.ª Jn. 1:8,10);

(b') En confirmación de ello, la Biblia nos presenta como pecadores a los personajes más santos de la Historia de la Salvación: Noé, Abraham, Moisés, Job, David, Pedro, etc.

(c') El Nuevo Testamento presenta la perfección como algo imposible de alcanzar en esta vida: *"No que lo haya alcanzado ya, ni que YA SEA PERFECTO, ...Hermanos, yo mismo no pretendo haberlo ya alcanzado..."* (Flp. 3:12-13).

---

13. V. la lección 7.ª, p.º 6.
14. **O. c.,** pp. 877-881.

Tres aclaraciones son aún necesarias:

1) Los vocablos "santo" y "santificado" (V. 1.ª Cor. 1:2; 6:11) pueden significar la santidad posicional, imputada, o de consagración, que la justificación implica juntamente con la regeneración espiritual, separando al creyente, del mundo para Dios. Que ello no implica una santidad moral perfecta o inherente, se ve por Jn. 13:10.

2) El vocablo "perfecto" (V. Mt. 5:48; 19:21; Ef. 4: 13; Flp. 3:15, etc.) no significa "completamente terminado", como puede verse por los respectivos contextos, sino "maduro" o "genuino" como cristiano (comp. Flp. 3:12 con 3:15).

3) 1.ª Jn. 3:6,9 parece enseñar, no sólo la posibilidad de absoluta perfección en el creyente, sino también la imposibilidad de pecar por parte del nacido de Dios. Pero si se compara este texto con 1.ª Jn. 1:8,10, se verá que, en 3:6,9, Juan no habla de impecabilidad, sino de un *estado* o "práxis" de pecado incompatible con la nueva naturaleza del regenerado espiritualmente; es decir, Juan no contrasta distintos grados de perfección, sino dos estados antagónicos en su esencia y en su principio: Un creyente puede caer transitoriamente en *actos* de pecado, pero no puede *practicar* el pecado de modo que éste siga *reinando* en él. [15]

CUESTIONARIO:

1. ¿Qué sostiene el Antinomianismo? — 2. ¿En qué sentido nos libera Jesucristo de la Ley? — 3. ¿Está el creyente sin norma alguna de ética? — 4. ¿Qué enseña el Perfeccionismo? — 5. ¿En qué falsos fundamentos se basa? — 6. ¿Cuál es la enseñanza de las Escrituras a este respecto? — 7. ¿Qué significan originariamente los vocablos "santo" y "perfecto"? — 8. ¿Cómo debe interpretarse 1.ª Jn. 3:6,9, a la luz de 1.ª Jn. 1:8,10?

---

15. V. J. Stott, **Epistles of John**, p. 135.

Séptima parte

La perseverancia final

LECCION 27.ª
LA PRESERVACION DIVINA DEL CREYENTE

Una de las verdades más consoladoras de la Santa Biblia, que la Reforma tuvo cuidado en presentar con su debido relieve, es la de que el verdadero creyente está seguro de su salvación final, sean cuales sean los futuros avatares que la vida le haya de deparar. ¿En qué se funda esta seguridad? Antes de responder a esta pregunta, pasemos breve revista a la Historia de la controversia que no tardó en levantarse sobre esta verdad.

1. Evolución histórica del concepto de perseverancia

A) Tras el moralismo de los primeros llamados "Padres de la Iglesia" y por la influencia del monacato, con su énfasis en la ascesis personal, comenzó a desarrollarse la idea de una salvación por las obras, que desembocó en el Pelagianismo, negando así la iniciativa divina en la obra de la salvación.

B) Agustín de Hipona, justamente llamado "el Doctor de la gracia", restableció la doctrina de la predestinación divina y de la preservación final de los elegidos, aunque su equivocado concepto de "vida eterna" le hiciese caer en el error —después corriente en la Teología Escolástica y definido como dogma en Trento— de que la justificación se puede perder por el pecado "mortal"; sin embargo, sostuvo que los elegidos habrán sido restablecidos en la gracia y preservados por Dios hasta el final.

C) En la Iglesia de Roma, la seguridad del creyente en su perseverancia final es negada sobre la base de que la justificación (que también tiene por insegura) puede perderse por un solo pecado "mortal"; y, por tanto, la salvación final debe ser conseguida y merecida mediante la recepción de los *sacramentos* y la práctica de las *buenas obras*. Es una doctrina cercana al Semipelagianismo y al Arminianismo.

D) La Reforma restableció la doctrina bíblica de la perseverancia segura de los verdaderos creyentes. Sin embargo, Lutero (y sus seguidores), haciendo énfasis en la *fe* del creyente como soporte de la justificación, hizo depender la perseverancia final de la continua "actividad de la fe", de modo que la justificación y la salvación final se pueden perder por el pecado de apostasía, es decir, de incredulidad. Calvino, en cambio, con su correcto concepto de justificación, no *por la fe*, sino *por la gracia, mediante la fe*, preservó el concepto bíblico de preservación divina, basada, no en la mutable fidelidad del creyente, sino en la inmutable elección de Dios.

E) Arminio, confuso ante ciertos pasajes de la Escritura que después analizaremos, afirmó que, aunque él no se atrevía a negar la verdad de que un verdadero creyente no puede perder la salvación, sin embargo encontraba ciertos textos bíblicos que le daban la impresión contraria. Sus discípulos carecieron de los escrúpulos de su maestro y sostuvieron que la perseverancia y la salvación final dependían del libre albedrío en su decisión de creer y de continuar, después, en su obediencia al Evangelio.

F) El Sínodo de Dort, en 1609, reafirmó la posición calvinista contra Arminio, declarando que, a pesar de la debilidad pecaminosa de los creyentes, "Dios, que es rico en misericordia, conforme a su inmutable propósito y plan de salvación, no retira totalmente de Su pueblo el Espíritu Santo, aun en medio de sus graves caídas, ni permite que marchen tan lejos como para perder la gracia de la adopción y dejar el estado de justificación...; ni permite que queden total-

mente abandonados ni que se precipiten en el abismo de la
eterna destrucción."

2. ¿Perseverancia o preservación?

El hecho de que los verdaderos creyentes, que han nacido
de nuevo a la vida eterna, tengan asegurada la salvación final,
depende de la *preservación divina*, la cual no es otra cosa
que la continua operación del Espíritu Santo en el creyente,
por medio de la cual, la obra de la gracia divina en el corazón
humano es llevada a feliz término. A esta preservación continua por parte de Dios, corresponde de la parte humana el
perseverar o permanecer hasta el final, no como una propiedad personal o disposición inherente al individuo, sino como
una estabilidad directamente producida por la divina preservación.

3. ¿Qué dice la Escritura?

El Nuevo Testamento nos ofrece suficientes pruebas de
que Dios no abandona para siempre a los que son suyos:

A') En Jn. 10:27-29, vemos que las verdaderas ovejas
de Cristo están firmemente en las manos del Padre y de
Jesucristo, y que nadie podrá arrancarlas de allí.

B') En Rom. 8:35-39 se asegura que nada "*nos podrá
separar del amor de Dios, que es en Cristo Jesús Señor nuestro*". Nuestra salvación no depende del amor que nosotros le
tenemos a Dios, sino del amor que Dios nos tiene a nosotros.

C') En Rom. 11:29 se afirma que Dios jamás se vuelve
atrás en el don de su gracia, manifestado en Su elección irre-
vocable y en Su llamamiento eficaz.

D') En Flp. 1:6, el Apóstol expresa su confianza y seguridad en que el Dios que ha comenzado una buena obra en
la conversión, no la abandonará hasta el final.

E') En 2.ª Tes. 3:3, el mismo Apóstol asegura a los fieles de Tesalónica: *"Pero fiel es el Señor, que os afirmará* (establecerá) *y guardará* (preservará) *del mal."*

F') Finalmente, el propio Pablo se regocija de la seguridad que le proporciona el saber que su destino está en buenas manos, y que el Señor le tiene reservada una corona de recompensa; y no sólo a él, sino también a todos los verdaderos creyentes (V. 2.ª Tim. 1:12; 4:8).

CUESTIONARIO:

1. ¿Qué consuelo aporta el Evangelio al verdadero creyente? — 2. ¿En qué se parece y en qué se distingue de la Reforma la opinión de Agustín de Hipona? — 3. ¿Cuál es la doctrina oficial de la Iglesia de Roma sobre perseverancia y seguridad de la salvación? — 4. ¿En qué difieren Calvino y Lutero en esta materia de la perseverancia? — 5. Doctrina de Arminio y réplica del Sínodo de Dort. — 6. ¿En qué consiste realmente la perseverancia del creyente? — 7. ¿Qué nos dice el Nuevo Testamento a este respecto?

LECCION 28.ª LA PERSEVERANCIA FINAL. PRUEBAS Y OBJECIONES

1. Pruebas deductivas de la perseverancia final

Además de las pruebas directas que, acerca de la perseverancia final de los verdaderos creyentes, nos proporciona el Nuevo Testamento, según hemos visto en la lección anterior, hay otras pruebas que podemos llamar deductivas, porque se deducen de otras verdades manifiestamente enseñadas en la Santa Biblia. Así vemos que esta doctrina se deduce:

A) *De la doctrina de la predestinación*. La predestinación divina, como, por ejemplo, se enseña en Rom. 8:29-30, implica, no sólo que los elegidos recibirán las gracias necesarias para *poder* salvarse, sino también y principalmente que serán *actualmente* salvos en virtud del llamamiento divino que los conducirá eficazmente a la conversión y les preservará indefectiblemente hasta la glorificación. Nadie podrá separar del amor de Dios a los elegidos (Rom. 8:32-39).

B) *De la eficacia de la intercesión de Jesucristo*. La sangre de Cristo es el precio del rescate de los elegidos; por el derramamiento de esta sangre, Cristo es el Mediador eficaz de su salvación; y en virtud de esta Mediación, Cristo está siempre intercediendo en el Cielo por la salvación de los suyos (V. Heb. 7:25; 1.ª Jn. 2:1-2). Esta intercesión es siempre *eficaz*, tanto más cuanto que la redención de los creyentes fue pactada en la eternidad entre las personas divinas, como resultado del precio que el Hijo de Dios se disponía a pagar por sus escogidos (V. Jn. 11:52).

C) *De la unión de los creyentes con Jesucristo.* La regeneración espiritual y la justificación unen estrechamente a los cristianos con el Señor, hasta formar una sola planta, un solo cuerpo y un solo edificio (V. Jn. 15:1ss.; Rom. 6:4ss.; Ef. 2:1ss.; 4:15-16; Col. 3:1-3; etc.). Con Cristo son ya participantes de la *vida eterna*, es decir, de una vida que siempre dura. Ahora bien, la vida no es una abstracción separable del sujeto viviente, sino una forma inmanente de ser del mismo sujeto; por tanto, *"vida eterna"* quiere decir que el que la posee vivirá eternamente, sin posible relapso en la "muerte segunda".

D) *De la seguridad de la salvación.* La seguridad de la salvación del creyente es una verdad escritural que consideraremos en la lección siguiente. Esta verdad lleva consigo la de la perseverancia final del creyente, porque donde no hay certeza de perseverancia, tampoco puede haber seguridad de una salvación final.

2.   Objeciones contra la doctrina de la perseverancia final

Las principales objeciones contra la doctrina de la perseverancia final pueden reducirse a tres [1]:

A') Esta doctrina conduce a la inmoralidad, porque asegura un final salvo, quitando así la preocupación de la vigilancia que el Señor inculcó tanto, y la necesidad de una conducta santa, sin la cual nadie podrá habitar en el Cielo con el Dios tres veces santo. *Respondemos:* El hecho de que la gracia de Dios nos preserve hasta el final, no suprime, sino que supone como necesarias, tanto la debida vigilancia en la lucha contra el mal, como la docilidad al Espíritu en la tarea

---

1.   En la lección siguiente, consideramos las objeciones que van directamente contra la seguridad de la salvación.

de la santificación. Una persona que ha sido regenerada por el Espíritu Santo a una vida de santidad, no puede albergar en su corazón la doblez de un hipócrita ni la protervia de un cretino.

B') El Nuevo Testamento nos ofrece muchos textos en que se urge a los creyentes a perseverar en el bien como medio de alcanzar la salvación, y en que se les amonesta contra el peligro de retroceso y de apostasía. *Respondemos:* Tales advertencias son claras y han de ser acogidas con la máxima seriedad pero no significan que los creyentes puedan finalmente *perderse,* sino simplemente que el uso de tales medios es necesario para prevenirles de la caída. Por tanto, tales amonestaciones representan un papel *instrumental* en el mensaje de Dios respecto del fin (la salvación) que Dios está decidido a preservar para sus elegidos. Recordemos que el creyente no es un mero elemento *pasivo* en la obra de la salvación; coopera *activamente* a su salvación, aunque esta actividad es fruto de la *iniciativa* eficaz y gratuita de Dios. Examínense los textos objetados (Mt. 24:12; Col. 1:23; Heb. 2:1; 3:14; 6:11; 1.ª Jn. 2:6) y compárense Hech. 27:22-25 con el vers. 31 del mismo capítulo.

C') Hay otros textos, como 1.ª Tim. 1:19-20; 2.ª Tim. 2:17-18; 4:10; Heb. 6:4-6; 10:26-27,39; 2.ª Ped. 2:1-2, que parecen indicar la posibilidad (y la realidad) de una apostasía final por parte de algunos que han sido creyentes. *Respondemos:* Tales textos hablan de apostasía, sí, pero no de verdaderos creyentes, sino de falsos profesantes que, quizás como la semilla que cayó en suelo de poco fondo, gustaron por algún tiempo de la luz del Evangelio (V. Jn. 1:9) y de las emociones saludables que en toda persona puede provocar pasajeramente la operación del Espíritu Santo en cuantos escuchan el mensaje, pero tales brotes de aparente vitalidad espiritual no son suficiente garantía de una verdadera conversión y de un *nuevo nacimiento,* sino que el tiempo y la prueba demuestran, en el hecho de la apostasía, que tales sujetos no eran *de* la Iglesia. Véanse Rom. 9:6; Ap. 3:1 y, sobre todo, 1.ª Jn. 2:19, donde, con toda claridad, se nos asegura acerca de los apóstatas: *"Salieron de entre nosotros, pero no eran de los nuestros; porque, si hubiesen sido de los nuestros, HABRIAN PERMANECIDO con nosotros; pero salieron para que se manifestase que no todos son de los nuestros."*

CUESTIONARIO:

1. ¿Cómo queda implicada en la doctrina de la predestinación la perseverancia? — 2. ¿Cómo se deduce la perseverancia final de la Mediación de Jesucristo? — 3. ¿Qué influencia tiene la unión de los creyentes con Cristo en esta doctrina de la perseverancia final? — 4. ¿Qué conexión guarda esta doctrina con la de la seguridad de la salvación? — 5. ¿Es cierto que esta doctrina induce a la inmoralidad? — 6. ¿Cómo se explican las amonestaciones a la vigilancia, tan claras en el Nuevo Testamento? — 7. ¿Cómo se puede explicar Heb. 6:4-6 en consecuencia con esta doctrina?

LECCION 29.ª
LA SEGURIDAD DE LA SALVACION

1. ¿Qué dice el Nuevo Testamento?

La seguridad de la salvación es una doctrina característica de la Reforma, y anatematizada como herejía en el Concilio de Trento. De ahí que, como ya hemos dicho en nuestro volumen sobre *Catolicismo Romano* [2], en el momento en que un católico romano admite esta enseñanza bíblica, ha dejado prácticamente de pertenecer a la Iglesia de Roma.

Sólo un inveterado prejuicio teológico puede impedir a una persona el ver claramente esta doctrina tan manifiesta en la Sagrada Escritura:

A) En Jn. 6:37, el Señor dice que *de ninguna manera* (ésta es la fuerza del original griego) echará fuera a quienquiera que vaya a El. Dos versículos más adelante, asegura que la voluntad del Padre es que *no pierda nada* de todo lo que el mismo Padre ha dado a Cristo (v. 39), porque el que cree, tiene *vida eterna* (v. 40). La misma seguridad ofrece Juan (1.ª Jn. 5:13) a los que han creído.

B) En Jn. 10:14, Jesús asegura que sus ovejas le conocen (conocimiento experimental, afectivo) a El como El las conoce a ellas. En los vv. 27-29, Jesús afirma que sus ovejas le siguen, y que nadie podrá arrebatarlas de su mano, que es

---

2. P. 244.

la misma mano omnipotente del Padre, ya que El es una misma cosa con el Padre (v. 30). Por tanto, la seguridad de pertenecer a Jesús lleva consigo la seguridad de no ser arrancados de Su mano.

C) En Rom. 8:16-17, el Apóstol nos asegura que el Espíritu da testimonio a nuestro espíritu de que somos hijos de Dios; y, si hijos, también seguros herederos de la vida eterna. ¿Desheredará Dios Padre a sus hijos? ¡No! Porque Dios no se arrepiente jamás de sus dones ni de su llamamiento (Rom. 11:29). Por eso, Pablo podía asegurar confiado: *"Sé a quién he creído, y ESTOY SEGURO que es poderoso para guardar mi depósito para aquel día"* (2.ª Tim. 1:12).

D) En un arranque de cristiano optimismo, Pablo se pregunta en Rom. 8:35: *"¿Quién nos separará del amor de Cristo?"*; para responderse (vv. 37-39) que él está *seguro* de que ninguna cosa creada podrá separarnos del amor que Dios nos tiene en Jesucristo.

2. Seguridad de salvación y convicción subjetiva de seguridad

Antes de exponer la opinión que juzgamos bíblicamente correcta, diremos algo respecto a las diferentes opiniones sobre este tema. Es cierto que el que cree, se salva; pero, ¿puede uno estar seguro de poseer la verdadera fe que salva? Hay, pues, dos modos de considerar este tema: uno, desde la *objetiva* seguridad que la Palabra de Dios presenta a todo creyente arrepentido; otro, desde la *subjetiva* y refleja certeza de poseer la fe salvífica. La gama de opiniones sobre la adecuación de la seguridad objetiva con la certeza subjetiva se extiende de la siguiente manera:

A') Según la doctrina oficial de la Iglesia de Roma, definida en el Tridentino, nadie, a no ser por personal revelación de Dios, puede estar seguro de su salvación final, ni siquiera de su justificación inicial.

B') El Nomismo pietista sostiene que la seguridad de la salvación no es consecuencia obligada de la fe, sino que requiere una continua introspección para ver si nuestra conducta se ajusta al modelo de santidad que nos presentan los buenos cristianos. Es una opinión equivocada, pues es en la Escritura, no en otros hombres, donde encontramos las señales que denotan la experiencia de una genuina conversión.

C') El Metodismo admite, y requiere, la seguridad de la justificación para todo aquel que, convicto de pecado ante Dios, se decide a aceptar a Cristo como su Salvador, sin mérito alguno de su parte. El que cree, puede estar seguro de que es un cristiano, pero no de que perseverará hasta el fin, pues los metodistas (siguiendo en esto a Lutero) piensan que el verdadero creyente puede apostatar un día y perder la salvación final. Es una concepción arminiana, con énfasis en el libre albedrío (en esto, están muy lejos de Lutero), del cual depende en último término, tanto la aceptación del Evangelio, como la perseverancia final.

D') En el extremo opuesto están los antinomianos, para quienes la certeza subjetiva de la salvación es *esencial* a la fe. Toda la salvación depende, así, de aceptar mentalmente la siguiente proposición: "Tus pecados te son perdonados". Esta opinión reduce la seguridad a un asentimiento mental, y pasa por alto otras actividades de la fe, en cuanto que ésta es una entrega personal y amorosa a Jesucristo, con el propósito de cumplir Sus mandatos.

E') Hay un sector extremo dentro de los Bautistas Estrictos y Particulares, que exige una *iluminación* interior, personal y refleja, del Espíritu Santo, para que una persona tenga evidencia de haber nacido de nuevo y estar, por tanto, en el camino seguro de la salvación. Esta opinión, fundada quizás en una abusiva interpretación de Rom. 8:16, no es conforme a la Escritura (V., por ejemplo, 1.ª Jn. 5:13) y tiene además el gravísimo inconveniente de poner la seguridad de la salvación en una experiencia *demasiado* subjetiva, que se presta, por un lado, a la ilusión y, por otro, a la desesperación.

F') Finalmente, la posición correcta, común entre los Reformados y entre cuantos se esfuerzan en recibir y analizar el mensaje completo del Nuevo Testamento, es que la verdadera fe comporta un sentimiento de seguridad, en mayor o menor grado según sea la fortaleza de la fe. Sin embargo, Dios puede permitir que la seguridad subjetiva (refleja), que es fruto de la introspección, se vea obnubilada por baches de duda y crisis de desolación espiritual, como una especie de "noche oscura del alma", según la llaman los místicos, y que Dios usa para purificar nuestros corazones de pequeños ídolos y de malignas adherencias. [3]

3. Objeciones a la doctrina de la seguridad de la salvación

M. Fernández, en su libro *¿Tu Camino de Damasco?* [4], me preguntaba si creo en el pecado, si creo en la libertad humana, y en que el mayor de los santos puede caer en pecado. *Respondo:* Creo en el pecado, y en que cualquier creyente puede caer en él, pero el cristiano no puede perder ante Dios su posición legal de *justo* con la justicia de Cristo, ni tampoco puede perder su salvación, pues ésta no se halla en manos de su defectible voluntad, sino en las manos omnipotentes de Dios; y su perseverancia no depende de su amor a Jesucristo, sino del amor que Dios le tiene a él en Jesucristo.

Otras objeciones se basan en una equivocada interpretación de textos como Rom. 11:22; 1.ª Cor. 4:3-4; 9:26-27; 10:12 y Flp. 2:12. [5]

---

3. V. el ya citado libro de Th. Brooks **Heaven on Earth**, donde se trata a fondo este tema.

4. (Estella, Verbo Divino, 1963), pág. 32.

5. Para su refutación, remitimos al lector a nuestro libro **Catolicismo Romano**, lección 25.ª, así como a **Mi Camino de Damasco**, 2.ª edición, pp. 15-16.

CUESTIONARIO:

1. *Verdadero sentido de Jn. 6:37-40. — 2. Alcance de 1.ª Jn. 5:13. — 3. Importancia de Jn. 10:27-30 para la seguridad de la salvación. — 4. ¿Puede Dios desheredar a sus hijos a la luz de Rom. 8:16-17; 11:29? — 5. Exégesis de Rom. 8:35-39. — 6. Seguridad objetiva y certeza subjetiva de salvación. — 7. Opiniones falsas y correcta sobre esta materia. — 8. ¿En qué se basa la Teología de Roma para atacar esta doctrina?*

LECCION 30.ª LA GLORIFICACION O CONSUMACION DE LA SALVACION

1. ¿Qué entendemos por «glorificación»?

En Rom. 8:30, Pablo describe la posición del cristiano en sus cuatro fases: (a) elegido y predestinado en la mente divina desde la eternidad; (b) llamado por Dios a la vida espiritual en el tiempo; (c) justificado por pura gracia mediante la fe; (d) glorificado en el Cielo, habiendo alcanzado la perfecta y total redención. La santificación moral no aparece aquí, porque no es una *posición* legal, sino una *condición* interior. del cristiano.

La glorificación es, pues, la última fase en la aplicación de la Redención. Siguiendo a J. Murray, [6] podríamos definir la glorificación, diciendo que es: la consecución final del objetivo para el cual los elegidos de Dios fueron predestinados en el designio eterno del Padre, el cual implica la consumación de la redención asegurada y procurada por la obra vicaria de Cristo.

2. ¿Cuándo tendrá lugar la glorificación de los elegidos?

En el momento en que un creyente muere, su espíritu desencarnado pasa inmediatamente a estar en la presencia del Señor (2.ª Cor. 5:8). No necesita esperar en ningún lugar

---

6. En **Redemption Accomplished and Applied,** pp. 174ss.

de purificación, ni recorrer nuevos ciclos de vida en sucesivas encarnaciones, porque Jesucristo *"con una sola ofrenda hizo perfectos para siempre a los santificados"* (Heb. 10:14), y el fuego consumidor que es Dios (Heb. 12:29) habrá juzgado ya y purificado totalmente los corazones de los suyos (1.ª Cor. 11:32), aniquilando en el instante de la muerte los últimos restos de egocentrismo e idolatría que la vieja naturaleza tenía aposentados, por el poder del pecado, en el interior de todo cristiano imperfecto.

Sin embargo, el instante de la muerte no es para el creyente el instante de su final glorificación. El hombre es, esencialmente, un compuesto de espíritu, alma y cuerpo (1.ª Tes. 5: 23), y, por tanto, su glorificación final sólo tendrá lugar cuando, vencida ya la muerte, que es el último enemigo de Dios y del hombre (1.ª Cor. 15:26), el cuerpo del creyente será resucitado y revestido para siempre de incorrupción, esto es, de inmortalidad (1.ª Cor. 15:54). Por eso, el Apóstol asegura que también nosotros, los creyentes, gemimos junto con la todavía irredenta creación, *"esperando la adopción, la redención de nuestro cuerpo"* (Rom. 8:23).

Por tanto, la glorificación final del creyente tendrá lugar cuando, reunidos para siempre su espíritu salvo y su alma inmortal con su cuerpo resucitado, pueda contemplar en sí mismo la imagen y semejanza de su Salvador Jesucristo, resucitado, exaltado y glorificado ante la creación entera (V. Flp. 3:21; 1.ª Jn. 3:2). Cristo es el primogénito de los muertos, el primer grano de trigo sembrado en el surco de la tumba; los que son suyos, porque han sido complantados en su muerte y en su resurrección, resucitarán también con El en la misma espiga granada de gloria (V. Rom. 6:4-5; 8:11; 1.ª Cor. 15: 20-21,36-37,45-49).

Entonces habrá recuperado el hombre salvo la perfecta imagen y semejanza de Dios en su ser (V. Gén. 1:26-27). Y la habrá recuperado con creces, porque ahora será semejante al Hombre con mayúscula, al Postrer Adán (1.ª Cor. 15:45-49), el cual es *el resplandor mismo de la gloria de*

Dios y la perfecta impronta de la sustancia del Padre (Heb. 1:2).

3. Circunstancias de la glorificación

La glorificación del creyente va asociada a tres circunstancias complementarias de gloria:

A) *A la exaltación final de Cristo en el "Día del Señor".* El Nuevo Testamento presta una gran importancia a la 2.ª y gloriosa Venida del Señor para recoger a su Iglesia, pura y sin mancha, gloriosa y resucitada. No se trata de algo sin importancia, como suponen los temporalistas y los indiferentes de todos los tiempos (V. 2.ª Ped. 3:3-4); es una *esperanza feliz* ("makarían" Tito 2:13), asociada al gozo de una *"gran alegría"* (1.ª Ped. 4:13); por lo que todo verdadero creyente, con santa impaciencia, ha de repetir el último grito de anhelo expectante de las Escrituras: *"¡Sí, ven, Señor Jesús!"* (Ap. 22:20).

B) *A la glorificación comunitaria de los demás santos.* En su 1.ª epístola a los fieles de Tesalónica, el Apóstol Pablo tiene buen cuidado en adoctrinar correctamente a los cristianos "en palabra del Señor" respecto a este importantísimo acontecimiento, el cual sucederá de la siguiente manera: los que, de entre los creyentes, hayan muerto antes de aquel día, resucitarán primero; entonces, los que hayan quedado no morirán, sino que serán transformados, y así *"los que hayamos quedado, seremos arrebatados juntamente con ellos en las nubes para recibir al Señor en el aire, y así estaremos siempre con el Señor"* (1.ª Tes. 4:14-17, comp. con 1.ª Cor. 15:51-52).

C) *A la transformación del Universo actual.* El mundo actual es la morada del hombre caído: un clima de pecado, de muerte, de penas y tribulaciones. Cuando los creyentes hayan sido glorificados con Cristo, tendrán en un Cielo nuevo y una nueva tierra, un clima y una morada dignos de su gloriosa inmortalidad. Rom. 8:20-21; 2.ª Ped. 3:12-13; Apoc.

21:1-7; 22:1-5, son pasajes dignos de ser estudiados a este respecto.

4. Ultimas conclusiones de este tratado

Dos últimas y prácticas consecuencias se deducen de toda esta doctrina:

A') El cuerpo del hombre es parte esencial de su naturaleza. No es en el "cuerpo", sino en la "carne", en el hombre entero sometido, por el pecado, al yugo del demonio, donde se fragua la enemistad con Dios. Por eso, la salvación no consiste en aborrecer el cuerpo o en desencarnar el espíritu, sino en santificar espíritu, alma y cuerpo, juntamente redimidos para la glorificación final: aspiramos a la inmortalidad de nuestro ser total, no sólo de nuestra alma.

B') El cristiano no puede ser indiferente a la redención del Cosmos. Todo será pasado por el fuego, pero no todo será consumido; todo cuanto de valor se haya construido en esta vida, quedará refinado y conservado para la eternidad, en la morada incorrupta de los hijos de Dios. [7]

CUESTIONARIO:

1. Concepto y noción de glorificación. — 2. ¿Cuándo y cómo tendrá lugar la glorificación de los elegidos? — 3. ¿Qué circunstancias acompañarán a nuestra glorificación final? — 4. Ultimas conclusiones prácticas de este tema.

---

7. V. mi libro **Etica Cristiana,** lección 30.ª.

BIBLIOGRAFIA

(Los marcados con + son católicos)

L. Berkhof, *Systematic Theology* (Gran Rapids, 1963),
pp. 415-549. (Hay edición castellana).
— *The History of Christian Doctrines* (London, The Banner
of Truth, 1969).
Ch. Breed,· *Distant Horizons* (Latrobe —Tasmania—.
Geneva Press, 1968).
Th. Brooks, *Heaven on Earth* (London, The Banner of
Truth, 1961).
— *Precious Remedies against Satan's devices* (London, The
Banner of Truth, 1968).
J. Calvino, *Institutes of the Christian Religion* (transl.
by H. Beveridge, London, James Clarke and Co., 1962),
I, pp. 461-582, II, pp. 1-276. (Hay edición castellana).
Los CANONES de Dort (Barcelona, ACELR, 1971).
+ *A New CATECHISM*. Catholic Faith for Adults
(transl. by K. Smyth, London, Burns and Oates/Herder
and Herder, 1967), pp. 236-241, 287-319. (Hay edicio-
nes castellana y catalana).
+ *Catechism of the Council of Trent for Parish Priests*
(transl. into English by J.A. McHugh and Ch.J. Callan,
New York, J.F. Wagner, London (B. Herder, 1962).
(Hay edición castellana).
L.S. Chafer, *El Camino de la Salvación* (trad. de E.A.
Núñez, Barcelona, Publicaciones Portavoz Evangélico,
1972).
— *Systematic Theology*, III (Dallas, Dallas Seminary Press,
1967), pp. 165-395. (Hay edición castellana).

T. Dudley-Smith, *What makes a man a Christian?* (London, Hodder and Stoughton, 1966).

O. Hallesby, *Prayer* (London, IVF, 1961).

Ch. Hodge, *Systematic Theology* (London, James Clarke and Co., 1960), II, pp. 639-732, III, pp. 3-484.

F.J. Huegel, *Secretos de la Oración* (trad. de D.E. Hall, USA, Editorial Moody, sin fecha).

J. Jeremías, *Teología del Nuevo Testamento,* I (trad. de C. Ruiz-Garrido, Salamanca, sígueme, 1974), pp. 189-269.

E.F. Kevan, *Doctrine of Grace,* V (Correspondence Course, London Bible College).

A. Kuen, *Il faut que vous naissiez de nouveau* (Lausanne, Guebwiller, Vilvorde, Editions Ligue pour la Lecture de la Bible, 1968).

D.M. Lloyd-Jones, *Atonement and Justification.* Exposition of Romans 3:20-4:25 (London, The Banner of Truth, 1970).

— *God's way of Reconciliation.* Studies in Ephesians 2 (London, Evangelical Press, 1972).

J. Murray, *Redemption Accomplished and Applied* (London, The Banner of Truth, 1961).

B.W. Newton, *Atonement and its Results* (London, The Sovereign Grace Advent Testimony, 1965).

+ L. Ott, *Fundamentals of Catholic Dogma* (transl. by P. Lynch, Cork, The Mercier Press, 1954), pp. 219-269. (Hay edición castellana Herder).

J.M. Pendleton, *Compendio de Teología Cristiana* (trad. de A. Treviño, El Paso, Casa Bautista de Publicaciones, 1960), pp. 250-321.

H.P. Smith, *The Christian's Secret of a Happy Life* (Welwyn, James Nisbet and Co., 1959).

A.H. Strong, *Systematic Theology* (London, Pickering and Inglis, 1958), pp. 777-886.

E. Trenchard y J.M. Martínez, *Escogidos en Cristo* (Madrid, Literatura Bíblica, 1965).